狂気の沙汰の習近平体制

黒い報告書

石平
Seki Hei

ビジネス社

まえがき

本書は二〇一四年六月に刊行された『世界征服を夢見る嫌われ者国家中国の狂気』に次ぐ、シリーズ第二弾の位置づけである。

前著では、習近平による腐敗撲滅が猛威をふるい、党内ライバルの心胆を寒からしめたこと、本来なら国務院総理の専権である経済分野の主導権を奪った習近平が横断的な権力を掌握、中国が悪い方向へ歩を進めている状況などを中心に伝えた。

この二年間で中国は大きく変わった。

国内的にも対外的にもマイナス要因を際立って拡大してしまった。

当然ながら主役は内外から「ラストエンペラー」になるのではないかと指摘される習近平国家主席である。あらゆる方面で習近平という人物のメッキが剝げ落ちてきたのだ。

まず、国内的には腐敗撲滅運動とは、単なる政権維持のためのライバル追い落としにすぎなかったことが露呈してしまった。言うまでもなく、腐敗は共産党の最上層部から底辺まで救いようがないほど染み込んでいる。にもかかわらず、習主席の出身派閥の太子党の大物だけは難を逃れている。

経済の低調はもはや公式数字の誤魔化し程度では糊塗できないほど酷い状況に陥っている。二〇年以上に及んだ経済成長がここにきて急失速、いかんともしがたいことから、「経済は新常態（ニューノーマル）に入る」といったレトリックを用いるしかなかった。

投資は消費の拡大で支えられるのが原則である。だが中国の場合、あまりにも貧富の格差が生じてしまったことから、個人消費の拡大にはまったく期待できない。

中国はそれを公共事業に求めるしかなかった。政府が公共事業をこれでもかと興して景気を支えるケインズ政策を積極的に進めるしかなかった。

だが、中国政府が行った莫大な公共投資は各派閥の腐敗の温床となり、派閥の有力者の懐を肥沃にするだけで、却って賄賂の抜きすぎで、オカラ工事の悲劇をもたらすこととなった。そして対外的には、たとえば南シナ海での行動をはじめとする独断と偏見をかざす姿勢は、世界各国から総スカンを食らう始末である。米国に「新型大国関係の構築」を迫れば迫るほど米国が離れていってしまった感が強い。

筆者ははっきりと憶えている。二〇〇七年一〇月の第一七回共産党大会において、当時の胡錦濤《こきんとう》総書記が、「現下のわが国の最大の問題は、格差拡大、環境汚染、資源不足、党員の腐敗・汚職である。これら諸問題を解消に導かなければ、中国共産党自体は崩壊しかねない」とする政治報告を読み上げたことを。

二〇一二年秋の第一八回共産党大会後に政権を引き継いだ習近平は、胡錦濤が訴えた課題を解消するどころか、さらに中国を見当違いな場所へと導いた。

どうにもこうにもこの国は、共産主義というレーゾンデートルをとっくに消失した、出来損ないの独裁国家として、余命を数える段階に達してしまったようである。

本書は筆者の連載メルマガ『石平のチャイナウォッチ』をベースに、最新情報やその後の国際情勢の変化、メルマガ執筆時には気付かなかった視点を加え、大幅に加筆したものだ。

皆様の中国を考察する一助となれば幸甚である。

二〇一六年九月

大阪の自宅にて　石平

第1章——反腐敗運動の実相

第2章――求心力なき習近平政権

第3章――ひとりよがりに終わった米国との新型大国関係

第4章——外交で連敗する失意の習近平指導部

第5章 ——ご都合主義経済の終焉

第6章 ―― 果てしなき権力闘争

2015年9月3日に北京市・天安門広場で行われた抗日戦勝記念式典で浮かない顔する習近平

第1章

反腐敗運動の実相

抗日戦争で戦ったのは共産党軍ではなく国民党軍である

中国において九月三日はいわゆる「抗日戦勝記念日」とされるが、中国政府内でもそれほど浸透していないようだ。一時は外交部が抗日戦勝記念日を八月一五日とアナウンスしたこともあり、足並みが揃っていないことがわかる。

それはともかく、昨年は抗日戦勝後七〇周年にあたったことで、北京において盛大な式典が執り行われた。だが、中国側の思惑は大きく外れ、参加者は非常に貧弱な顔ぶれになった。

日米欧の先進国の参加はゼロ、主だった首脳はロシアのプーチン大統領と韓国の朴槿恵《パククネ》大統領ぐらいなもので、ここでも習近平国家主席の面目は丸潰れといえた。

習近平国家主席は重要講話のなかで「中華民族の若者は不撓不屈の精神で徹底して闘い、日本軍国主義の侵略者を打ち負かした」と語った。人民解放軍、つまり当時の中共軍も空前の規模の軍事パレードを挙行した。

そもそもこうした大規模な軍事パレードは建国一〇周年ごとが恒例であった。中華人民共和国の建国は一九四九年だから、本来二〇一九年に実施されるべきところを、習近平が強引に二〇一五年は第二次世界大戦終戦七〇周年であると主張したために前倒しとなった。

それでもパレードの模様はさまざまなメディアを通して世界中に発信された。読者の皆さんのなかにも、習近平が車上から左手で敬礼をした場面を覚えておられる人がいるかもしれない。本来は右手で敬礼をせねばならず、これは中国人民解放軍隊列条例違反である。にもかかわらず、軍事委員会主席の習近平がそんな基本を忘れてしまったのは、このときいかに彼が取り乱していたか、思考停止状態であったかを表していた。

抗日戦勝記念パレードで左手で敬礼する習近平

その理由は、反腐敗運動が下火になったため、江沢民《こうたくみん》、李鵬《りほう》、曽慶紅《そうけいこう》といったいわば「大トラ」たちがその日天安門の城楼に勢ぞろいし習近平の姿を見下ろしていたからであった。いや、習近平が大トラたちから見下ろされていたからにほかならない。
なぜこのような状況を招いてしまったのかについては、項を変えて説明しよう。
それにしても、習主席の抗日戦争に対する総括は、まったく歴史の事実には沿わないものであった。中共軍が日本軍を倒して中国が誕生したなどという話は事実無根で、後で解説するつもりだが、実際に日本軍と死闘を繰り広げたのは蔣介石《しょうかいせき》率いる国民党軍であった。

昭和二〇（一九四五）年八月一五日の終戦時、日本軍の「支那派遣軍」は依然、中国大陸の大半を支配下に置き、一〇五万名にも及ぶ兵力はほとんど無傷のままであった。要は、日本は米国に敗戦して全面降伏したが、決して中国によって打ち負かされたわけではない。中国による悪質な歴史の歪曲はそれだけではない。その一年前の「抗日戦争勝利六九周年を記念する座談会」で習主席はこうも述べていた。

「中国人民の抗日戦争において中国共産党は常に中心的力であり、主導的な役割を果たしている」

先に触れたように当然ながらこれもまた、歴史の事実に反したものだ。日中戦争当時の中国には中華民国政府という合法的な政府が存在しており、日本軍が戦った主な相手は、「国民革命軍」と呼ばれる中華民国の政府軍だった。

共産党の率いる部隊はいわゆる「八路軍」として知られるが、八路軍の正式な名称は「国民革命軍第八路軍」であって、中華民国政府軍の一部隊にすぎなかったのである。

したがって、中国の抗日戦争において主導的な役割を果たしたのは、あくまでも当時の中華民国政府軍（国民党軍）であった。

習主席の上述の言葉は明らかに、共産党の自画自賛のための、歴史の〝粉飾〟である。

歴史を歪めるのは中国の専売特許

一国の元首が公然と歴史の歪曲・粉飾を行うのは如何なものか、と首をかしげる日本人も多いだろうが、実は、歴史に対するこのような態度は中国の長い伝統である。

最初の正史である『史記』が前漢の時代に誕生して以来、中国で「二十四史」と称する多くの歴史書が編纂されたが、その大半は歴代王朝の官僚の手によるものだ。

しかも、新しくできた王朝の官僚が前王朝の歴史を書くのがならわしだから、前王朝の歴史をできるだけ悪く書き、自分の仕える王朝のことを賛美するのは「春秋の筆法」として定着してきた。

たとえば唐王朝の二代目皇帝・太宗《たいそう》の時代、太宗に仕えた魏徴《ぎちょう》という高官が前王朝の隋朝の史書である『隋書』を書いたが、隋朝の末代皇帝の煬帝《ようだい》は希代の暴君として描かれた。

その結果、煬帝との対比で、反乱を起こして隋王朝を潰した唐の太宗父子、特に太宗本人は希代の英雄・名君として歴史に名を残した。

このような歴史の〝つくり方〟を極限にまで発達させたのが、いまの中国共産党政権である。

共産党政権下で編纂された歴史書や教科書のすべては、前王朝である中華民国時代を「暗黒時代」として徹底的におとしめる一方、共産党政権の治世を「人民が解放と幸福を享受した時代」だと賛美してきた。だが、歴史の実態はむしろ正反対であろう。

共産党は自分自身の歴史に対しても隠蔽と捏造を繰り返してきた。文革中に元国家主席の劉少奇《りゅうしょうき》が粛清されると、彼に関するすべての公的記録が抹消された。天安門事件で元共産党総書記の趙紫陽《ちょうしよう》が失脚した後には、「改革開放」における彼の功績が闇に葬り去られた。

そしていま、習近平が国家主席となったために、彼の父親で元政府高官の故習仲勲《しゅうちゅうくん》はいきなり、鄧小平《とうしょうへい》と並ぶような偉大なる政治家として脚光を浴び始めた。

このように、時の政治権力の都合によって、歴史に対する恣意的な歪曲・捏造・粉飾を行うのは中国という国、とりわけ中国共産党政権の一貫したやり方、常套手段なのである。

その彼らが日本に対して正しい歴史観を求める資格はあるはずがない。

習近平と薄熙来の明暗を分けた二〇〇七年の党内人事

中国共産党第五世代の最高指導者である習近平はいまでこそ強面《こわもて》で鳴らすが、二〇〇七年にいわゆる「二階級特進」で中央政治局常務委員に抜擢されるまで、地方を転々とする目立たない存在であった。

二人目の妻に迎えた彭麗媛《ほうれいえん》が人民解放軍に所属する国民的なスター歌手であったことから、むしろ夫の習近平はわき役に甘んじていた。

地方官僚として河北省、福建省、浙江省と回ったが、ほとんど実績を残していない。それでも二〇〇〇年に福建省長、二〇〇二年に浙江省党委書記に、二〇〇七年には上海市党委書記の座を射止めたのは、ひとえに中国建国時の八大元老の一人であった習仲勲を父に持つ毛並の良さと、共産党の長老に対する不断の気配りが奏功したのであろう。

地方官僚時代にたいした仕事を残していない習近平がなぜ中央政治局常務委員に、つまりチャイナナイン（当時）にまで昇格できたのかを訝る向きは多い。

だが、筆者は逆の見方をしている。地方官僚時代の実績が可もなく不可もなく、目立たず、突出しないことは、一種、政治的な〝技術〟かもしれないということである。

そんな習近平と正反対のタイプがその後失脚した薄熙来《はくきらい》であった。

薄熙来は国務院副総理などを務めた薄一波《はくいっぱ》を父に持つ、習近平と同じく大物太子党として早くから注目を集めていた。薄熙来が習近平と違ったのは、大連市長時代から凄まじい実績を示したスーパースターだったことだ。

二〇〇七年まではこの二人はほぼ同じ立場にあった。習近平は上海市トップに対して、薄熙来は大連市トップ。

二人の明暗を大きく分けたのは、二〇〇七年に開催された第一七期党中央委員会第一回全体会議だった。習近平が中央政治局常務委員に大出世したのに対し、薄熙来は重慶市党委書記への横滑りを命じられた。

大連市の発展、地位向上を一気に成し遂げた薄熙来はあまりにも突出した業績を挙げ、大連市民からヒーローともてはやされたことで、中央から白眼視されてしまった。かたや凡庸にさえみえた習近平は中央で権力を握るチャンスをものにした。

ただし、二〇〇八年三月に国家副主席兼中央書記局筆頭書記に任命された習近平の識者からの評判は、「海外情勢に疎いのは、習近平の大きな欠陥だろう。とりわけ民主化についての理解がなっていない」とされ、あまり芳しいものではなかった。けれども、この時期に習近平が先のポストに就いたことは、慣例を踏まえて、習がポスト胡錦濤の大本命となったことを意味していた。

四年後の二〇一二年に誕生した習近平総書記は、一年後には、太子党出身の王岐山《おうきざん》と二人三脚で腐敗撲滅運動をしゃにむに進めた。ただしこの苛烈な腐敗撲滅運動は、権力闘争の一環にすぎなかった。

薄熙来・令計画の失脚の舞台裏

先に抗日戦勝七〇周年の軍事パレードで習近平国家主席が取り乱していたと記した。その理由を、反腐敗運動の標的としてきた「大トラ」たちが天安門の城楼から習近平の姿を見下ろしていたからだとも書いた。

いったいなぜそのような状況に陥ってしまったのか。最大の要因は、胡錦濤前主席の側近で共青団の重要幹部であった令計画《れいけいかく》が起こした問題であった。令計画は前重慶市書記の薄熙来事件を指揮するなど党中央弁公庁主任を五年間も務めたきわめつきのエリートだ。ちなみに令計画の本来の姓は令狐。こうした仮名を持つ中国人は少なくなく、あの鄧小平も実は本名ではなく、鄧先聖という。

すでに令計画本人は今年七月に収賄などの罪で無期懲役の判決が下されている。だが、収賄に関しては七七〇〇万元程度で、実際に無期懲役という重い罪となったのは、党中央弁公庁主任時代につかんだ国家機密を漏洩したことによる。

この令計画に関わる事件はきわめて複雑である。一九八九年の天安門事件・中国民主化運動の学生リーダーで、その後は米国を中心に政治評論家として活躍中の陳破空《ちんはくう》同志から得た情報を加えて、他のメディアの目が届いていないところにも光を当てた解説をしてみたい。

令計画失脚の原因を遡っていくと、皮肉にも自身が関わった薄熙来事件に行き当たる。二〇一二年二月六日、当時の重慶市副市長・王立軍《おうりつぐん》が成都市の米国総領事館に亡命を求めて飛び込んできた。なんと王立軍は女装姿であった。かねてより王立軍は薄熙来の忠実な腹心として仕えてきたが、薄熙来の妻が恋人の英国人を殺害したのを契機に、薄熙来の態度が急変した。薄熙来夫妻のすべての悪行を知りすぎた王立軍は自分の命の危険を察知し、非常手段を講じたのであった。

米国側は王立軍から、薄熙来の野心、最高権力奪取のために立てたクーデター計画、汚職、不倫、殺人等々のすべてを聞き出した。中国側は当然ながら、王立軍の引き渡しを要求してきた。

いまの米国なら絶対にそんなことをしないだろうが、当時のオバマ政権は条件付きで応じた。当時、中国当局の監視下にあった盲目の人権活動家・弁護士の陳光誠《ちんこうせい》の米国亡命を許すならば王立軍を送還するとバーター取引を申し出たとされている。

あてが外れたのは王立軍のほうである。身柄を保護されるどころか中国側に送還され、薄熙来の行状のすべてを吐き出すしかなかった。王立軍は懲役一五年の実刑判決を受け、現在も服役中である。

薄熙来の企みを知った権力中枢は即逮捕に踏み切った。このころはちょうど胡錦濤体制から習近平体制への過渡期。ふだんは仲の悪い共青団のボス胡錦濤と太子党の領袖の習近平だが、このときばかりは手を組んだ。薄熙来の逮捕、監禁、収監において辣腕を振るったのは、胡錦濤の右腕として鳴らす党中央弁公庁主任・令計画であった。

ここからがややこしくなる。

薄熙来が重慶市委書記を解任された三日後、令計画の運命は急転を始めた。令計画の息子が知人から借りた高級車フェラーリが路面が凍結する北京市内で大事故を起こした。飲酒運転だった。車は高架橋脚に激突、大破した。息子は即死、同乗者の女性二名も瀕死の重傷を負った。女性は全裸で、これが漏れれば、大変なスキャンダルになるのは必至であった。

問題は事故後の党中央弁公庁主任・令計画の対応であった。表沙汰になっては政治生命を失いかねない令計画は、党中央宣伝部、党中央警衛局を動かして全面的なもみ消しを図るよう、当時の公安トップ、チャイナナインの一角を占める中央政法委員会書記・周永康《しゅうえいこう》に頭を下げた。

周永康は江沢民派の大番頭で中国最大の利権である石油部門を取り仕切るワルであり、何よりも令計画のボスである胡錦濤の政敵であった。ここに共青団の将来のエースが政敵である江沢民派（上海閥）の重鎮に取り込まれるという前代未聞の展開が起きていたわけである。計らずも令計画は、江沢民派の打倒習近平を目指すメンバーに加わることになってしまう。

ところが息子の事故のもみ消しは完全ではなかった。スキャンダルは令計画にも共青団にも不利に働いた。党総書記就任前の習近平は二〇一二年九月、令計画を更迭、政治協商副主席の閑職に追いやった。替わりに党中央弁公庁主任の職に就いたのは習近平の側近の栗戦書《りつせんしょ》であった。

令計画のスキャンダルは、同年夏の北戴河《ほくたいが》会議において、上海閥を率いる重鎮、江沢民前総書記の格好の〝標的〟となった。ここで次の党大会で優勢を伝えられていた共青団の勢いが削がれ、江沢民派の猛烈な巻き返しが行われた。

令計画事件が引き金となって招いた江沢民派の再台頭

李克強《りこっきょう》を国家主席にする夢が破れて失意にあった胡錦濤は、二〇一二年一一月の党大会で一敗地にまみれてしまった。すべては令計画のスキャンダルのなせる業であった。

二〇一二年一一月の第一八回党大会において、共産党上層部のパワーバランスに大きな変化がみられたのである。

共産党の最高指導部となる政治局常務委員会の人事で、党内最大派閥の江沢民派、いわゆる上海閥が共青団派を押し切って歴史的な大勝利を収めた。北戴河会議以降、共産党上層部の人事をめぐる主導権争いで胡錦濤の共青団は常に後手に回らざるを得なかったのが響いた。

新たに選出された七名の政治局常務委員、いわゆるチャイナセブンのうち、張徳江《ちょうとくこう》、兪《ゆ》正声《せいせい》、劉雲山《りゅううんざん》、張高麗《ちょうこうれい》の四名は紛れもなく上海閥の中心メンバー。つまり、チャイナセブンは過半を占めた上海閥で固められてしまった。

一方、習近平は序列第一位で、総書記、国家主席、中央軍事委員会主席の三権を持っているとはいえ、同じ太子党出身は盟友の王岐山しかおらず、計二名。これではチャイナセブンにおける主導権は握れない。

残りの一名は言わずと知れた国務院総理の李克強。彼は共青団に属している。要は、胡錦濤率いる共青団は大惨敗を喫したわけである。

習近平も党内幹部に太子党勢力を揃えられないという悩みを抱えることになった。

チャイナセブン（政治局常務委員）は江沢民派（上海閥）で固められてしまった。共青団は今回の政治局常務委員レースでは煮え湯を飲まされたけれども、次の世代を担うべく政治局の中枢は共青団の若手で占められている。それに引き換え、習近平が頼みとする太子党は明らかに人材不足で影が薄いと言わざるを得ない。

習近平が頼れるのは、政治局常務委員序列第六位の王岐山のみだ。あの朱鎔基《しゅようき》元総理から経済の逸材と言わさしめた王岐山を引っ張り出し、門外漢である規律検査委員会書記に任命したのも、信頼できる仲間が彼以外にいなかったからだ。

当時の北京ではこんな言葉が囁かれていた。

「中国で政治を仕切っているのは二輪半だ」

二輪とは習近平と王岐山。半とは先に述べた習近平の懐刀の栗戦書・党中央弁公庁主任を指す。この栗戦書は新設した中央国家安全委員会の弁公室主任に就任、同委員会を習の意向を反映しやすい体制にするという目論見がある。

逆に言えば、このことは二輪半で必死に走ることでしか習近平は自分の権力を固められないことを露呈していた。

反腐敗運動とはあくまでも習近平が自分を守るための、そして自分の権力を固めるための手段でしかなかった。さらに言うならば、この反腐敗運動の具体的な目的は、江沢民派の勢力を党内から一掃することにほかならなかった。これについては後に章を改めて詳述したい。

党最高指導部の暗黙のルールを破り捨てた習近平

〈チャイナセブンの内訳〉

●太子党　習近平、王岐山（中国共産党中央規律検査委員会書記）

●共青団　李克強（国務院総理）

●上海閥　張徳江（全人代委員長）、兪正声（政治協商会議主席。太子党だが、江沢民に忠誠を誓う）、劉雲山（党中央精神文明建設指導委員会主任）、張高麗（国務院副総理）

習近平は、自分と王岐山以外の中国共産党中央の幹部、つまり政治局常務委員五名と政治局委員二三名を呼びつけて脅しをかけた。

「お前たちがおれの仲間でないことは知っている。だが、おれには逆らうな。逆らえば、いつでもお前たちを摘発してやる」

共産党の幹部で腐敗に染まっていない者など一人もいない。全員がみな腐敗に染まっているので、仮に清廉潔白な者がいると精神障害者扱いされるほどで、最高人民法院（最高裁）の裁判官までもが多額の賄賂を受け取るのが中国の実状だ。モラルハザードどころの話ではない。

したがって、誰もが叩けば埃が出る。身に覚えのある政治局常務委員五名と政治局委員二三名は習近平の言葉にふるえあがった。

以上が、習近平、王岐山、栗戦書の三人が党中央規律検査委員会の権力をふりかざして進めている反腐敗運動の実態である。

江沢民派に対して明らかに多勢に無勢の習近平は、自身の言葉どおりに動いた。五年後に政治局常務委員入りを狙う、上海閥（江沢民派）の政治局委員を徹底的に洗い上げ、糾弾したのである。すると現在、政治局常務委員になっている上海閥の面々が怯えるようになった。

なぜ彼らは怯えるのか。かつては党最高指導部の一員である政治局常務委員はまず腐敗を摘発されない、自動的に免罪されるという〝不文律〟が存在していた。だが、習近平政権はこうした暗黙のルールを破り捨てた。

その第一号となったのは、先に登場した、令計画を打倒習近平のクーデターに引き込んだ前政治局常務委員で共産党序列九位、公安部門トップ、石油閥トップ、江沢民の大番頭を務めた周永康であった。血祭りにあげられた周永康の不正蓄財は一兆五〇〇〇億円以上、二〇一五年六月の判決で、無期懲役刑が下された。

米国に把握された中国共産党の「絶密」

話を令計画事件に戻そう。

二〇一二年九月に政治協商副主席に左遷された令計画は周永康が仕組んだ打倒習近平クーデターに参加している。内容は裁判でつまびらかにされていないので不明だが、これにより規律検査委員会書記の王岐山が動き始めた。二〇一四年一二月に屈辱的な党規違反処分を受けた令計画は、翌一五年七月には党籍・公職を剥奪され、逮捕された。

習近平側とすればこれで一件落着のはずであった。ところが、想定外の事態が発生した。一四年一二月に令計画が身柄を拘束されたとき、弟の令完成《れいかんせい》が兄の指示で米国に逃亡したのである。令完成は、五年に及んだ党中央弁公庁主任時代に兄・令計画が摑んだ中共指導部の最高機密を携えていた。中国共産党の機密には「秘密」「機密」「絶密」の三種があり、彼はそれを知り得る立場にあった。

二〇一五年六月、トラの一人であった周永康の無期懲役判決に際し、「機密漏洩」が罪状の一つに挙げられたが、彼が漏洩したのは「機密」であり、絶密よりも格下なのである。令計画が弟に持ち出させたのは「絶密」という文字通りの最高機密であった。

この最高機密は二〇〇〇件以上にもおよび、メディアは中国の核ミサイルに関する情報、中共指導部とその家族の動向、資産、女性関係に関する情報、中南海の警備情報、習近平のセックステープ等々と言われている。

畏友である陳破空は、この一件以来、習近平国家主席は悩み続けていると断言した。それはそうだ。仮に中国軍の重要機密が伝わっているとすれば、中国軍はそれこそ張り子の虎でしかなくなる。陳破空は次のように指摘している。

「米国に逃げた令完成が重要機密をどこまでオープンにしたかが不明なので、習近平は動きが取れないでいる。憎き令計画を無期懲役にしたのはその表れだ。死刑にできるのにしなかったのは、死刑にしたら、いままで小出しにしていたかもしれない令完成による情報提供がすべてに及ぶかもしれないからだ」

さらに陳破空はこんなことも知っていた。

「二〇一四年に郭文貴《かくぶんき》というビジネスマンが米国へ逃げた。郭文貴は江沢民元主席の大番頭だった曽慶紅と馬建《まけん》の側近だった人物だ。彼は習近平の盟友である王岐山に関する情報を大量に摑んでいると言われている。王岐山は『財新ネット』という経済系メディアを持っており、同主筆の胡舒立《こじょりつ》の情報を握っている。

郭文貴は海外で表面上は胡舒立を罵りながら、実際は王岐山を批判しているのだ」

つまり、郭文貴の海外逃亡も、習近平と王岐山にとって非常に憂慮すべき事態となっているわけである。

パナマ文書であぶり出された習近平一族と万達集団トップとの蜜月関係

そしてもう一つ、習近平国家主席を悩ませているのが例の「パナマ文書」の存在である。タックスヘイブンを使って蓄財していたことがバレて窮地に陥った世界の政治家も多かった。アイスランドのグンロイグソン首相は辞任に追い込まれたし、ただでさえ人気の薄かった英国のキャメロン首相は発覚によってさらに嫌われ者となり、ＥＵ残留投票に敗れてしまった。

習近平国家主席も「腐敗撲滅」が売り物だけに、言行不一致も甚だしいと中国のネット社会では怒りを通り越して、笑い物にされている。

パナマ文書からあぶり出されてきたのは、習近平の姉・斉橋橋《せいきょうきょう》と夫の鄧家貴《とうかき》が中国不動産最大手万達《ワンダ》集団の株式を保有するなど、いまや中国一の大富豪となった万達集団創業者・王健林《おうけんりん》との癒着であった。

当然ながら、中国一の大富豪と最高権力者との癒着にも変遷がある。かつて江沢民と蜜月関係にあったのは、中国一ではなく華僑圏一の富豪、香港の長江実業会長・李嘉誠《りかせい》。

李嘉誠は個人資産数兆ドル、『フォーブス』誌が番付をする世界長者の常連。現在八八歳。造花の代名詞となった「ホンコンフラワー」の製造・販売から身を興し、不動産、建設、貿易、電力、石油、通信、ホテル、小売などを手掛け、一代で香港最大の長江財閥を築き上げた立志伝中の人物である。鄧小平による改革開放で金儲けに目覚めた一部の中国人からは「財神」として崇められる存在でもある。

ただし李嘉誠がもっとも中国投資にのめり込んだのは江沢民時代であり、胡錦濤時代から翳りが見え始め、現在の習近平が最高指導者になってからは中国からの資本引き揚げに躍起になっているとされる。

パナマ文書により習近平一族とつるんでいるのが露呈した王健林はまだ六〇歳代前半と若い。商業不動産デベロッパーの旗手として二〇〇〇年代になると急激に台頭してきた。むろんその裏側には官民癒着とカネと権力の結託が存在している。

習近平が出世街道に乗ってからはその躍進ぶりに拍車がかかり、いまやアジアの不動産王の異名をとるほどだ。本年一月には、米映画製作会社のレジェンダリー・エンターテインメントを三五億ドル（約四一〇〇億円）で買収、今後は世界の映画王を目指すという。

王健林の個人資産は三八〇億ドル（約四兆円）にのぼる。昨年、米経済・金融専門通信社・ブルームバーグ通信発表の所得ランキングで、王健林は先に紹介した香港の李嘉誠、アリババ集団のジャック・マーを抜き去り、アジアで最大の富豪の座に躍り出た。

反腐敗運動で打撃を受けた長老や共産党幹部は黙っていない

習近平は、「トラ（大物）もハエ（一般党員）も共に叩く」と宣言して、反腐敗運動に邁進してきた。失脚したトラたちの顔ぶれを見ると、彼の宣言どおり、大物がずらりと並ぶ。

かつてはライバル関係にあった薄熙来・元重慶市党委書記、石油閥トップで上海閥の重鎮だった周永康・前党政治局常務委員、胡錦濤政権時の人民解放軍制服組トップとして君臨した郭伯雄《かくはくゆう》・前中央軍事委副主席、胡錦濤前国家主席を領袖とする共青団派の出世頭だった令計画・前党統一戦線部長などを汚職容疑で追及、拘束、そして獄中へと葬り去った。

実際には習近平のトラ狩りとは、反腐敗運動に〝名義〟を借りた権力闘争にすぎないわけだが、片方でそんな振る舞いをしながら、自分の一族はしっかりと儲け続けている。

香港に住む習近平の姉・斉橋橋は香港一高額と言われる地区に住宅を持ち、繁華街の銅《トン》鑼《ロー》湾や尖沙咀《チムサーチョイ》の高級ブティックでアラブの王族のような買い物を楽しんでいる姿を幾度も目撃されている。また、習近平《しゅうきんぺい》の弟・習遠平《しゅうえんぺい》は中国に返還される前から香港に移住しており、香港や深圳の不動産投資に関わっている。

筆者はパナマ文書によって、習近平の反腐敗運動の正当性がなくなったと考える一人である。かねてより主張していることがある。それは習近平の反腐敗運動に対しては官僚の九九％が〝反対〟しているということだ。

これは連載原稿や講演などで皆さんに話してきたことだが、中国共産党員は幹部になろうとするなら、もしくは要職を手に入れようとするなら、必ず〝事前投資〟が必要なのである。上に多額の賄賂を渡すことによってのみ、出世できる世界なのだ。

そして、そこからが勝負なのだ。これまでの投資（賄賂）分を取り戻し、もっと儲けるために、自分が手に入れた権力をかざして腐敗に精を出さなければならない。まさしく中国の官僚の世界は腐敗の連鎖、腐敗の玉突きによって成立しているわけである。

したがって、反腐敗運動で打撃を受けた共産党幹部たちは、習近平一族がリストに載ったパナマ文書の一件を看過するはずがない。

さらにパナマ文書は、江沢民を領袖とする上海閥の長老たちを喜ばせる結果となったのは言うまでもない。これまで上海閥は習近平の目の敵にされ、前述の、党政治局常務委員まで務めた周永康までもが政治生命を失ってしまうという有り様であった。ひょっとすると江沢民、曽慶紅ラインまで追及の手が及ぶかもしれないといった時期もあったと聞くが、今回の件により、これ以上の追及は自ら墓穴を掘ることになると、習近平は自覚したのではないか。

このところの反腐敗運動の〝ターゲット〟が以前の共産党上層部、幹部ではなく、中下層部に変わってしまっていることがそれを雄弁に物語っている。

中国とのあらゆる交流が危険を伴うものとなった反スパイ法の施行

以下は本年八月二四日の日本経済新聞の北京発のダイジェスト記事である。

……中国でスパイ行為に関わったとして日本人が相次ぎ逮捕された問題で、東北部の遼寧省で昨年五月に身柄を拘束された五〇歳代の男性が二三日までに起訴されたもようだ。複数の関係者が明らかにした。中国では昨年五～六月に拘束された四人のうち、すでに浙江省と上海市で起訴されており、今回で三人目とみられる。

中国ではこの四人とは別に、日中交流団体役員の男性が北京で七月、「国家安全を脅かす疑いがある」として身柄を拘束されている……

かけられた「スパイ容疑」はそれぞれだが、日本人への「スパイ狩り」が急速に増えたのは、二〇一四年一一月に中国で「反スパイ法」が成立したことに依拠する。

同法のスパイ行為の定義を定めた三八条に「(5)その他のスパイ活動を行うこと」があるが、問題はここに集約されよう。この場合の〝その他〟はまったく無制限なもので、いかなる拡大解釈も許してしまう危険な条文だからである。

つまり、中国政府当局が「それがスパイ行為だ」と判定さえすれば、どんなことでも「スパイ行為」だと見なされる可能性がある。

このようないいかげんな反スパイ法が出来上がった背景には、習近平国家主席が二〇一四年四月あたりから唱え始めた「総体的国家安全観」というものがある。

一四年四月に新設された中国中央国家安全委員会の初会議で、委員会のトップにおさまった習主席は重要講話を行い、総体的国家安全観という耳新しい、そして摩訶不思議な概念を持ち出した。

一般的に国家安全とは、「外部からの軍事的脅威に対する国家の安全」という意味合いで理解されることが多いが、習主席のいう総体的国家安全はそれとは異なる。

講話は、「政治安全、国土安全、軍事安全、経済安全、文化安全、社会安全、科学安全、生態安全、資源安全」などの一一項目を羅列し、それらの安全をすべて守っていくことが総体的安全観の趣旨だと説明した。

つまり習主席からすれば、いまの中国は政治と軍事だけでなく、経済・文化・社会・科学などのあらゆる面において「国家の安全が脅かされている」ということになる。

したがって中国は今後、あらゆる方面において国家の安全を守っていかなければならない、というのである。ここにも習主席の狂気が垣間見られると感じるのは筆者だけであろうか。

こうした考え方は、もはや「草木皆兵」のような疑心暗鬼というしかないが、「反スパイ法」は、まさにこのような疑心暗鬼に基づいて制定された法律だ。

政治・経済・文化・科学のあらゆる面において拡大解釈した結果、現場の国家安全部は、本来ならスパイでも何でもない行為をとにかく「スパイ行為」として取り扱うようになった。

この二年間で集中的に拘束、起訴されたりした邦人は、まさにこのような拡大解釈による「スパイ狩り」の犠牲者だといえなくもないが、問題はこれからだ。

反スパイ法下では極端な場合、たとえば日本企業が販促のために中国で市場調査を行うような行為も、中国の経済安全を脅かす「その他のスパイ行為」だと見なされてしまうかもしれないわけである。

中国に書籍やＤＶＤなどの類を持ち込んだだけで、「中国の文化安全」脅かす、「その他のスパイ行為」として疑われてしまう可能性もあろう。

この反スパイ法の実施は、中国国内で活動する日本企業の正常な経済活動に支障を来すことは必至であり、日中間の人的交流・文化的交流の妨げになることは明らかだ。

このような状況下では今後、日本企業と普通の日本人はまず、中国とのあらゆる交流は過剰な〝危険〟を伴うものであることをきちんと認識しなければならないし、必要性の低い中国入りは控えたほうがよいのかもしれない。

そしてこの反スパイ法の施行をきっかけに、われわれはもう一度、かの異質な国とどう付き合っていくべきかを考えていくしかないのであろう。

第2章

求心力なき習近平政権

習近平の自作自演だった「習近平核心」擁立プロジェクト

本年一月中旬あたりから、各地方の中国共産党トップたちが習近平総書記（国家主席）を党の「核心」と位置づけて擁立するような発言が相次いだ。

口火を切ったのは、一月一一日、天津市党委書記代理の黄興国《こうこうこく》であった。一三日には安徽省書記と広西省書記が「習近平総書記という核心を断固として支持する」と習主席のことを核心と称した。

さらには、一月中旬までに三一の省・直轄市・自治区のうち、おおよそ二〇人の党委書記が「習核心」という言葉を口にし、その広がりは全国的なものとなった。

そもそも核心とは、江沢民《こうたくみん》政権時代に用いられた慣用語で、江沢民の最高指導部における格別な地位を示すための特別用語であった。「江沢民を核心とする党中央」はその当時の定番表現であったが、胡錦濤《こきんとう》時代になると核心という言葉が消え、「胡錦濤を総書記とする党中央」が党の正式用語となった。

ところがこれは冗談のような言葉というしかない。なぜなら胡錦濤はすでに総書記だったわけで、わざわざ「総書記とする党中央」と称したところで何の意味もない。このことが当時の胡錦濤のお飾り的な地位を暗喩しているようだ。

習近平政権になって四年、「習近平を総書記とする党中央」の表現が踏襲されてきたが、本年になってから、権力の掌握を進めた習主席は名実ともに政権の核心になろうと動き始めた。

したがって、上述の各地方トップからの核心擁立発言は結局、習主席が策動した自分自身への「核心擁立運動」と見てよいと思う。つまり、野心に満ちた自作自演。実際、習主席は一月二九日の党会議で「核心意識の増強」をことさらに強調しているが、それは当然、各地方のトップに態度表明を促すための号令といえた。

しかし、地方からの核心擁立運動を促そうとすることは、逆に言えば、習主席が党中央からの擁立を得ていないことの証拠だ。実際、党の政治局委員・常務委員の中で、「習総書記が核心だ」との言葉を使った人は一人もいない。地方幹部たちの熱烈な擁立発言とは裏腹に、肝心の党中央は意味深長の沈黙を保ったままであった。

ちなみに九月一一日に、黄興国が失脚したというニュースが飛び込んできた。彼を規律委員会が取り調べるということは、王岐山《おうきざん》が盟友・習近平を見限ったのかもしれない。

無言のボイコットを続けた大物党中央政治局員

地方の党委書記の何人かは党中央政治局員でもある。

北京市書記の郭金龍《かくきんりゅう》、上海市書記の韓正《かんせい》、重慶市書記の孫政才《そんせいさい》、広東省書記の胡春華《こしゅんか》などの面々だ。しかし現在に至るまで、彼らの誰一人としても、習総書記のことを核心と明確に位置づけて、それを支持するような発言をしていない。

特に注目すべきなのは広東省書記の胡春華だ。彼こそが胡錦濤前総書記が率いる「共青団」の次の総帥と見なされているからである。

二月一四日、彼は広東省の党常務委員会議を主催して、習主席が唱える核心意識について討議したようだが、彼自身がどういう発言したかはいっさい伝えられていない。会議が強調するという形で、「習近平同志を総書記とする党中央と高度なる一致を保つ」との言葉が報じられているが、それは明らかに、習主席が核心であると明言することを巧妙に避けているものだ。

各地方の指導者が「習近平核心を支持する」と発言しているなかで、胡春華の広東省党委員会は実質上、それに対する無言のボイコットを行っているのである。そして胡春華の態度はそのまま、彼の背後にある共青団派の共通した思いであろう。

こうして見れば、習主席のための核心擁立運動は党内で強力な抵抗に遭っていることは明らかだ。

大きな抵抗を承知の上で、地方幹部を動員して無理やり核心になろうとする習主席の拙速な動きは逆に、彼が党内を掌握していないことの証拠であり、その焦る気持ちの表れであろう。

そもそもまだ江沢民は生きており、「江核心」も健在である。江沢民が核心となったのは、鄧小平《とうしょうへい》の「中央に統一した意志を持ち、下は従えばいい」という言葉に従ったからにほかならない。ところが、今回、習近平が自らを核心にしようと地方から発案させたのは、中央でそれに賛同する人がいなかったからだ。つまり、「中央に統一した意志」が持てなかったため、〝地方発信〟という形で強行突破を図ろうとした。

だが、中央は一致団結して抵抗し、常務委員会（チャイナセブン）も無反応を通した。筆者は毎日『人民日報』をチェックしているが、同紙も何ら扱っていなかった。

結果的には二月中旬には「習核心」の話はフェイドアウトしてしまった。一月に「習核心」を表明していた二〇人にのぼる地方の党委書記たちが完全に口をつぐんでしまったことから見ても、習近平による自作自演の核心樹立プロジェクトは蹉跌したことがわかる。

そして三月四日には、きわめつけの動きが見られた。新疆ウイグル自治区管轄下のニュースサイト『無界新聞』が公然と習近平に辞職を求める公開書簡を掲載したのである。サイトには、「習近平個人とその家族の安全のために辞職を求める」とあった。

同サイトは江沢民と関係の深い財訊集団、ネット通販大手アリババのジャック・マー代表、新疆ウイグル自治区が出資しており、同自治区トップである党委員会書記の張春賢《ちょうしゅんけん》は党内で反習近平派として知られる存在だ。

こうしたものが公表されたこと自体、習主席の自作自演の「核心擁立運動」が中途半端な形で終わってしまったことを証明しているわけである。

暗闘から明闘となった習近平主席と李克強首相の対立

中国共産党政権の最高指導部において、習近平国家主席と李克強《りこっきょう》首相の深刻な対立が続いている。

二人の険悪な関係が明るみに出たのは、今年三月初旬の全国人民代表大会開催の時であった。開幕式のひな壇上、隣席の習主席と李首相は一度も握手をせず、会話を交わすこともなく、視線さえ合わせせない異様な光景が衆人環視の中で展開された。

これまで水面下で激しい権力闘争があっても、表向きは和気藹々の一致団結を装うのが中国共産党政権の良き?伝統であった。だが今次の習主席は、李首相への嫌悪感をもはや隠そうとせず、対立は既に決定的なものとなった。その日以来二人の間では、お互いへの意地の張り合いのような暗闘が繰り返されてきた。

暗闘が公然としてきた李克強と習近平の2人

四月一五日、李首相は中国名門の清華大学と北京大学を相次いで視察した。首相が一日に二つの大学を視察するのは異例だが、厳しい言論弾圧で知識人を敵に回した習主席に対抗して人心収攬に打って出たのではないか。
二人の暗闘はさらに続く。四月二四日から二六日まで、李首相は四川省を視察した。首相はかつての四川大震災被災地の農村を訪れたり、都市部の自由市場で民衆と会話を交わしたりして、いわば親民指導者を〝演じて〟みせた。そして彼の四川視察が始まる二四日という同じ日に、習主席は安徽省へ赴いて地方視察を開始した。

中国の国家主席と首相の両方が同じ日に中央をあけて地方視察に出かけるとは、それこそ異例中の異例である。どちらかが相手の予定を事前に察知して、わざとそれにぶつけていったのだろうと解釈するしかない。

習主席は安徽省視察においても、李首相が視察した農村に増して貧困な山村を訪れて、民衆の声に耳を傾けるというパフォーマンスを演じてみせた。民衆への人気取りにかけては絶対負けないという習主席の意気込みが強く感じられた。

この地方視察競争合戦からまもなく、中央の北京でまたもや大珍事が起きた。五月六日、李首相は中央官庁の「人力資源・社会保障部（省）」を視察し、就業工作に関する座談会を開いた。首相として当然の仕事だが、おそらく李首相自身もびっくりしたであろう。同じ日、同じ北京市内で、「人力資源」をテーマとした別の座談会が党中央によって開かれたのだから……。

それは、「人材発展体制の改革」に関する習主席の重要指示を学習する名目の座談会で、劉雲山《りゅううんざん》・政治局常務委員が主催したものであった。李首相が人材問題の所管官庁を視察して座談会を開いたその当日、この所管官庁を差し置いて党中央主催の別の人材座談会を開くことは、どう考えても異常というしかない。それは明らかに、習主席サイドからの、李首相の仕事に対する嫌がらせ以外の何ものでもない。

このように、習主席と李首相との政治闘争はもはや暗闘の域を越えて「明闘」となってしまった。

太子党という勢力を率いる習主席と、共青団派の現役の領袖である李首相との闘いは当然、最高指導部を二分する派閥闘争として展開していくしかない。

それが共産党政権の分裂につながるような泥沼の党内抗争に発展していけば、中国の政治はまた、劇的な新しい展開を迎えることになろう。

国内向けの治安維持費が国防費を上回るという異常

ここまで縷々述べてきたように、共産党上層部が苛烈な権力闘争に明け暮れている一方、中国国内では毎年「群体性事件」が少なくとも二〇万件以上は起きている。日本語では暴動、騒乱事件にあたるが、それらに対する予算はなんと国防費を上回っている。

一般人民が政府の許可なしに集会を行ったり、増える一方の政府に対する陳情団や抗議団などの動きに対して、とにかく事前に全部摑んでしまいたいわけである。

毎年中国の国家予算案が発表されるたびに二桁の伸びを続ける軍事費が注目を浴びることになるが、同様に刮目すべきは国内の治安維持費に相当すると考えられる「公共安全予算」の伸びであろう。

たとえば二〇一四年の国防費（軍事費）が約一三兆五千億円（日本の防衛費は五兆円）なのに対して、治安維持費は一五兆円以上にも上った。二〇一一年から三年連続で公共安全予算が軍事予算を上回っていることになる。

ここまで治安維持に予算を投入しなければ、国民の抵抗を抑え切れないのが実状なのだ。治安体制の中心的な機関となっているのは国内安全保衛隊、いわゆる国保。一般の警察に加えて特殊警察を増強するとともに、国家安全部門（国安）、解放軍などが民間警備会社に仕事を振り分け、全国にチェーン展開させている。

インターネット上で政府に不利な書き込みを削除し、有利な書き込みを行っているいわゆる「五毛党」に対する予算も、公共安全予算から支出されている。

しかしこれほど膨大な予算をかけても、公式発表だけで年間二〇万件超も発生する暴動はエスカレートする一方である。

産経新聞の中国総局の矢板明夫記者によると、五毛党の存在が判明したのは二〇〇四年であるという。

湖南省の政府系メディアに「ネット工作部隊、ネット（網絡）評議員募集」の広告が掲載されており、待遇欄に「基本給のほか、一本の書き込みについて〇・五元（五毛＝八円程度）を支払う」とあったことから、「五毛党」と呼ばれるようになったらしい。

ここ数年、政府系新聞で目にする言葉が「維穏」である。維穏とは「社会穏定（安定）の維持」の略語だ。

二〇〇九年あたりから共産党政権中央はこの「維穏」を最重要な政治任務と位置づけ、地方幹部に全力を挙げてそれにあたるよう命じてきた。そして二〇一〇年度以降、中国の国家予算に占める「維穏費＝公安費用」の割合が、国防費を超えていることは先に述べたとおりである。地方官僚は中央の担当者からこう叱咤される。

「お前たちのところで動乱、暴動が起きたら、すべての責任を負わなければならない。どんなことをしてでも、未然のうちに阻止しなければならない」

そのために維穏要員を数十万人養成し、暴動鎮圧のために武装警察官一五〇万人が投入されてきた。これほどの体制を組織した唯一の目的は、庶民の反乱を押さえつけることにほかならない。

「反腐敗運動」抵抗勢力の言い分と習近平の自己弁護

筆者は習・王ラインによる反腐敗運動が始まってから何度か、共産党幹部たちが仕事を集団的にボイコットする状況を報告してきたが、どうやらそれは継続的に実行されているようである。

共産党の幹部たちはそもそも、賄賂を取るために幹部になったようなものだから、腐敗ができなくなると仕事への情熱を失うのは当然なのであろう。

全人代で行われた李克強首相の「政府活動報告」でも幹部たちの「不作為」を取り上げて強く批判していることから、仕事をボイコットするような形で反腐敗運動に抵抗する幹部たちの動きがかなり広がっていると思われる。

印象に残っているのが、昨年三月六日、全人代において、江西省代表団との座談会に臨んだときの習近平国家主席の発言であった。

代表の一人が「江西省の昨年の経済発展はすさまじいものがあった」と伝えたところ、習主席は直ちに、「だから、われわれの反腐敗運動は経済の発展に影響することなく、むしろ経済の持続的発展を利するのだ」と応じた。

翌日、「反腐敗は経済発展を妨げることはない」という習主席発言が新聞各紙に大きく報じられたが、よく考えてみれば、座談会でのこの発言は異様なものであり、そう捉えた識者も少なくなかったようだ。

反腐敗と経済発展との関連性を誰から聞かれたわけでもなく、反腐敗運動の主役である習主席が自らこう切り出したのは、いかにも自己弁護に聞こえるからであった。

最高指導者の立場にある彼が、地方からの代表団の前でこのような弁解をしなければならない理由はいったいどこにあったのか。

実は全人代開幕日、関連があると思われる別の発言があったのだ。代表の一人で北京首都旅行集団の段強《だんきょう》会長がメディアの取材に対して、「官官接待・官民接待の激減」で北京市内六〇軒の五つ星ホテルが業績不振となったことを例に挙げ、「反腐敗運動の展開は経済発展にマイナスの影響を与えた」との認識を示していたのだ。

前述した習主席の江西省代表団に対する発言は、明らかに北京首都旅行集団・段会長の見解への「反論」であり、国家主席が一民間旅行会社の経営者の発言に反駁すること前代未聞の出来事であった。

その際、習主席にとっての喧嘩相手は決して段会長という一個人ではない。主席が強く意識しているのはやはり、この発言の背後にある反腐敗運動に対する政権内の根強い反対意見と、それを政争に利用しようとする党内の反対勢力であろう。

要するに、「経済の発展を妨げる」との理由で反腐敗運動への反発が党内で広がっているのである。

直後の『新京報』は別の角度から、反腐敗運動の経済に対する悪影響を論じた。「官僚の不作為について」と題するこの記事は、一部の全人代代表への取材を基にして、中国の各地では、反腐敗運動のなかで身を縮めている幹部たちが仕事へのやる気を失い、「不作為」的に日々を過ごしているありさまをリポートした。このような状況が各地方の経済発展に大きな支障を来しているとも論じた。

党内の一部勢力が、顕著となった経済の減速をそれと関連づけて、経済衰退の責任を習主席の反腐敗運動になすり付けようとしていることも明らかだ。

だからこそ、習主席は異例な弁解を行うこととなったのだが、一国の最高指導者が自己弁護を始めたこと自体、彼自身がかなり追いつめられていることの証拠でもあろう。

王岐山という陰の実力者

それは全国政治協商会議（全国政協）の開幕式（本年三月四日）の式典が終わった直後のことであった。最高指導部のメンバーたちが順次、ひな壇から退場するとき、共産党・規律検査委員会の王岐山《おうきざん》主任が前を歩く習近平国家主席を後ろから手をかけて呼び止め、話しかけたのである。

言うまでもなく、その光景を目撃した委員たちの間に衝撃が走った。

衆人環視の中で、習主席の部下であるはずの王岐山が取ったこの「なれなれしい」行動は、主席の権威をないがしろにする「軽薄なる行為」とも映った。その背景にはいったい何があるのだろうか。

その二週間ほど前の二月一九日、習主席は人民日報、新華社、中央テレビのいわゆる中国三大メディアを視察し、メディアが党への忠誠に徹すべきだとの訓示を行った。それに応じて、三大メディアは一斉に、「メディアは共産党のものだ、党に絶対の忠誠を誓いたい」と宣した。

しかし、民間からは早速反発の声が上がってきた。習主席の訓示と三大メディアの姿勢に対し、真っ正面から痛烈な批判を浴びせたのは、中国の不動産王で、政治批判の鋭さで「任大砲」の異名をもつ任志強《にんしきょう》であった。

三七〇〇万人のフォロワーを持つ自分の「微博」(ミニブログ)で、彼はこう発言した。「メディアはいつから党のものとなったのか。メディアが人民の利益を代表しないなら、人民によって捨てられるのだ」と。

発言はいたって正論だが、問題は、いまや飛ぶ鳥を落とす勢いの習主席に盾突くようなことを言ったらいったいどうなるのか、だ。

案の定、任志強の微博のアカウントは直ちに閉鎖され、官製メディアによる「任志強批判キャンペーン」が一斉に始まった。任氏が所属する北京市西城区の共産党組織も、党員である任志強に対する処分を検討し始めた。この一部始終を見て、民間では「これは文化大革命の〝再来〟ではないか」と危惧する声が上がり、動揺が一気に広がった。

こうしたなかで三月一日、中国共産党規律検査委員会の公式サイトに注目の論評が掲載された。

論評は、「一〇〇〇人の唯々諾々より、一人の志士の直言のほうがよい」という昔の言葉を引用して、指導者が直言に耳を傾けるべきだと諭した。

タイミングからすれば、この論評が諭そうとしている相手は、他ならぬ習主席その人であろう。さらに興味深いことに、論評を掲載した公式サイトの持ち主は党の規律委員会であり、そのトップを務めるのは、習主席唯一の盟友とされる王岐山である。

要するに、王岐山が習主席を諭したことになるのだ。その二日後、全国政協の壇上で、王岐山が鷹揚な態度で習主席を呼び止めた場面を目にして、多くの人々はうなずくことができた。なるほど、共産党の「本当の実力者」は誰であるのか、がこれでよくわかったのではないか。

おそらく王岐山も、こういう「視覚的効果」を計算してわざと上述の行動に出たのであろう。彼は、自分の習主席

唯一の味方とされる王岐山にも背かれるのか

に対する優位性を衆人の前で示すことができた。

習主席の就任から三年、その最大の政治実績となったのは腐敗摘発であるが、考えてみればそれはすべからく規律検査委員会トップの王岐山の手柄であった。そして、摘発権という絶大の武器を手にして党内で権勢を振るった結果、いつの間にか、王岐山は習主席をしのぐほどの陰の実力者にのし上がったのである。

実は上述の規律検査委員会サイトの論評掲載を境目に、任志強に対する批判キャンペーンがピタリと止まった。

しかしながら、同時に習主席を「核心」として擁立するような動きも、そのあたりから息切れとなってしまった。

一元的指導下の伝統が乱れに乱れた天津大爆発事故直後の命令系統

周知のとおり、昨夏に発生した中国発の株安は世界経済にパニックを引き起こした。

中国経済の自壊が始まるなかで、筆者が俄然注目したのが、その最中に発生した天津市の大爆発事故の処理に当たっての政権側の混乱ぶりであった。

2015年8月12日に発生した中国・天津市の大規模爆発事故では健康被害を訴える市民を拘束したほか、ネットでも規制をかけた。原因はいまだ不明

たとえば「神経ガス検出」の一件。中国中央テレビは現場に出動した北京公安消防総隊幹部の話として、「爆発が起きた付近の大気から神経ガスの成分が検出された」と伝えたのに対し、天津市環境保護局は「検出されていない」と否定した。さらに、新華社通信は専門家の話として「爆発現場では神経ガスは生成できない」と報じた。

中央テレビの報道に対する天津市当局および新華社の否定と反論は、不都合な情報に対する隠蔽工作の疑いもあったが、問題は不都合な情報であるなら、同じ政権側の中央テレビがなぜそれを出してしまったのか、であった。結果的には共産党宣伝部直轄の中央テレビが伝えた重要情報を、同じ宣伝部管轄下の新華社が打ち消すという前代未聞の異常事態が起きたのであった。

政権内部の乱れが見えてきた別の出来事もあった。

爆発事故直後に、中国政府（国務院）は「事故対応チーム」を編成し、楊棟梁《ようとうりょう》・国家安全生産監督管理総局長をチーム責任者として現場に派遣した。楊総局長は天津市の副市長を長く務めた人物で、国家の「安全生産」の総責任者だから、この人事は妥当と見るべきであろう。そして楊総局長は八月一七日まで現場で事故処理の指揮をとっていた。

ところが一八日になって共産党中央規律検査委員会は突如、「楊氏総局長に対する重大な規律違反と違法行為で調査している」と発表した。楊総局長はただちに現場から連れ去られ、拘束された。

規律検査委が楊総局長の違法行為を調べていたなら当然、天津事故以前から始まっていたはずだ。つまり事故発生後、国務院が彼を責任者として現場に派遣したということは、規律検査委の調査が中国政府の中枢であり、楊氏所属の国務院にすら知らされていないということを意味していた。

そして、事故処理の最中に現場の責任者をいきなり失脚させるとは、あたかも政府が急ぐ事故処理を、党の規律検査委が横から妨害しているように勘繰られても仕方がなかった。

習近平国家主席が自ら「事故の迅速かつ円満な処理」を指示したにもかかわらず、規律検査委はなぜこのような唐突な妨害行動に出たのか。

いまもって真相は不明だが、少なくとも国家的危機ともいうべき天津大爆発事故への処理に当たって、党の機関と政府が歩調を合わせず、むしろバラバラになって互いを邪魔し合うような状況となっているのは明らかであった。

共産党政権成立以来、何事に当たっても中央指導部の「一元的指導下」で党と政府、宣伝機関などが一枚岩となって行動することは、中国の伝統といえた。

習近平政権が全党幹部に対して習主席への「無条件従属」を求め、毛沢東並みの権限集中を図ってきたことは周知の事実である。

しかし、天津爆発事故の処理に際し、中央テレビや新華社、そして国務院と規律検査委の取った一連の行動には一元的指導のかけらも感じられなかった。むしろ、政権内部の乱れと習氏自身の統率力の欠如が露呈されているだけであった。

官僚の腐敗蔓延や公の倫理の崩壊をもたらした家族中心主義の復活

中国人の不動の習性に、春節(旧正月)の民族大移動がある。春節期間中、中国全国では延べ二八億人が移動するといわれ、その大半は家族と会うための帰省である。とにかく春節となると、どんなことがあっても家族の元へ帰っていく。

この壮大なる民族大移動は、中国人にとって家族がどれほど大事なものであるかを物語っている。家族は、中国人の心と生活のよりどころなのである。

血縁による家族的つながりは昔から、中国伝統社会の統合原理でもあった。近代以前、地域社会では同じ祖先と名字を持つ多くの家族が集結して「宗族」をなすのが普通だった。この宗族こそが人々の社会生活の中軸であった。

何百、何千世帯からなる宗族は強い同族意識と連帯感の下で自分たちの閉鎖した社会を構築して共通ルールを守り、互いに助け合って生きてきた。長い歴史のなかで、戦乱があっても王朝の交代があっても、宗族だけが生き残ってきた。

中国人特有の「家族中心主義」のルーツもそこから生まれた。この国では古来、社会生活の中心はあくまでも宗族あるいは家族であって、宗族を超えた「公」の意識が非常に希薄であった。

人々は常に自分たちの家族や宗族を中心に物事を考えて行動してきた。その際、「家族のために」「一族のために」ならば、公の利益を損なうことや他人に迷惑をかけることも平気であった。

たとえば、官僚の腐敗汚職は中国史上の「不治の通病（欠点）」といわれる。昔は一族のなかで一人が官僚にでもなれば、一族全員を富ませて繁栄させる重大な〝責務〟をおのずと背負うことになるから、賄賂に手を出さずにはいられない。

こうした「一族あって公無し」は中国人の昔からの行動原理である。

それこそが社会主義国家建設の障害だ、と考えた毛沢東時代は、人民公社運動を進めて伝統の宗族を破壊し、人々を社会主義の「公」に再統合しようとした。

しかし、その試みは見事に失敗に終わった。無理矢理に人民公社に入れられた中国の農民たちは、誰もが公社のために働こうとはせず、自分たちの家族に残された「自家保留耕地」の耕作に精を出すばかりであった。その結果、公の社会主義経済は沈没の一途を辿ることとなった。

この状況を徹底的に変えたのが鄧小平であった。その変え方は実に簡単であった。人民公社を解体して耕地を各家族の「責任田」に戻すだけで、人々は再び汗水を流して働き始めた。これで中国は、食うや食わずの毛沢東時代から飽食の鄧小平時代へと変わっていった。

カリスマ指導者の毛沢東は中国人の家族中心主義の壁を破ることができなかったし、鄧小平の成功は結局、中国流の家族意識に配慮した結果にすぎなかった。

ひるがえって、鄧小平時代からの家族中心主義の復活はまた、官僚の腐敗の蔓延や公の秩序と倫理の崩壊をもたらした。一族のために収賄に励む共産党幹部が続出する一方、家族や一族のなかで「良い人」で通している普通の庶民も、公の社会に出れば、いきなり豹変して嘘をついて人をだましたり、「有毒食品」を製造販売して儲けたりして平然と悪事を働くのである。

このような現象の蔓延は逆に人々の社会に対する不信感を増幅させ、「家族がすべて」との風潮をよりいっそう広がらせる結果となってしまった。

そういう意味では、公を食い物にした悪しき家族中心主義こそが中国社会の最大の病巣の一つといえるのだが、それを治す「薬」はなかなか見つからない。中国は果たして本物の近代国家になれるのか、甚だ疑問なのである。

第３章

ひとりよがりに終わった米国との新型大国関係

完全に瓦解した米国との「新型大国関係」構築

事実上、米海軍のイージス艦が南シナ海の、中国の人工島周辺海域を航行した日（昨年一〇月二七日）をもって、習近平国家主席が執拗に提唱してきた米国と中国の「新型大国関係」は雲散霧消してしまった。

そもそも習近平が提言した新型大国関係には二つの意味があった。

一つは、中国の核心的利益をアメリカが尊重する。認める。これまで中国が明確に示した核心的利益とはチベットであり、新疆ウイグルであり、南シナ海であり、台湾である。尖閣諸島を含めた東シナ海については、表現に濃淡がある。内陸国境周辺と東アジア、南シナ海の覇権が一つ目の意味だ。

もう一つの意味は、アメリカがこうした地域における中国の覇権を認めるならば、中国もアメリカの国際的な権益（アジア以外）を認めるというもの。あるいは、中国とアメリカで太平洋を「山分け」するというもので、これは中国の本音であろう。

習近平がアメリカに伝えたいメッセージとは、「中国は地球上でアメリカとは全面的に争うつもりはない」ということなのだ。

中国が望むのはアジアの覇権であり、これは毛沢東以来の目標であり、中華帝国の復興にもつながる。中国側にしてみれば、かつて支配していたものを取り戻そうとしているということだろう。

そのためには線引きをし、アメリカと棲み分けをしなければならない。繰り返すが、これが中国の本音だと思う。

南シナ海の米イージス艦航行の話に戻ると、米軍のアクションについて中国政府は「中国に対する深刻な政治的挑発だ」と強く反発したが、米軍の画期的な行動は、実は外交面だけでなく、中国の国内政治にも多大なインパクトを与えた。

昨年九月下旬の米中首脳会談が双方にとって大失敗であったことは周知の通りだ。南シナ海問題などに関する米中間の溝はよりいっそう深まり、米国側の習近平主席への失望感が一気に広がった。

習主席はアメリカとのあらゆる外交交渉において自らが提唱する「新型大国関係構築」を売り込もうとしていた。

「対立せず、衝突せず」を趣旨とするこのスローガンは「習近平外交」の一枚看板となった感があり、訪米前日の人民日報第一面では、習主席は米国側との新型大国関係構築を「大いに前進させせよう」と意気込んでいだ。

しかし訪米の結果は散々であった。

習主席が唱える「新型大国関係」に対してオバマ政権は完全無視の姿勢を貫き、習主席の「片思い」は歯牙にもかけられなかった。

ひたすら進められた国内向けのプロパガンダ

その時点で習主席の対米外交はすでに失敗に終わっているが、中国政府と官製メディアはその直後からむしろ、「習主席訪米大成功」の宣伝キャンペーンを始めた。

まずは九月二六日、人民日報が第一面から第三面までの紙幅を費やして首脳会談を大きく取り上げ、四九項目の「習主席訪米成果」を羅列した。その筆頭には「新型大国関係構築の米中合意」を挙げげた。

同二七日、中央テレビ局は名物番組の「焦点訪談」で「習主席の知恵が米国側の反響を呼び起こし、米中が新型大国関係の継続に合意した」と自賛した。

同二九日、今度は王毅《おうき》外相がメディアに登場し「習主席のリーダーシップにより、米中新型大国関係が強化された」と語った。


まさに世界外交史上、前代未聞の茶番であった。

米中首脳が「新型大国関係構築」に合意した事実はまったくなかったにもかかわらず、中国政府は公然と捏造を行い「訪米大成功」と吹聴していたのである。

それはもちろん、ひたすら国内向けのプロパガンダである。習主席訪米失敗の事実を国民の目から覆い隠すためにはそうするしかなかった。「新型大国関係構築」がご破算となったことが国民に知られていれば、習主席のメンツは丸つぶれとなって大国指導者としての威信が地に落ちるからだ。

習主席の権威失墜を防ぐために、政権下の宣伝機関は「訪米大成功」の嘘を貫いたが、問題は、米海軍の南シナ海派遣の一件によってこの嘘が一気にばれてしまったことである。

オバマ政権が中国に対して強烈な政治的挑発を行ったことで、習主席訪米失敗の事実は明々白々なものとなり、米中両国が「新型大国関係構築に合意した」という嘘はつじつまが合わなくなった。

しかも、米海軍の領海侵犯に対して有効な対抗措置が取れなかった習政権への「弱腰批判」が広がっていった。

いままで、習主席はいわば「大国の強い指導者」を演じてみせることで国民の一部の支持を勝ち取り、党内の権力基盤を固めてきたが、その虚像が一気に崩れてしまった結果、彼はただの「裸の王様」となった。

いったん崩れた習主席の威信回復は難しい。反腐敗運動で追い詰められている党内派閥が習主席の外交上の大失敗に乗じて「倒習運動」を展開してくる可能性も十分にあろう。

一九六二年のキューバ危機の時、敗退を喫した旧ソ連のフルシチョフ書記長はわずか二年後に失脚した。米軍の果敢な行動によって窮地に立たされた習政権の余命はいかほどだろうか。

習近平の「中華民族の偉大な復興」の終着点

天安門事件の学生リーダーの一人だった陳破空《ちんはくう》との対談でも述べたのだが、ここ数年来、習近平は「中国夢」、あるいは「中華民族の偉大な復興」ということを、口癖のように言い続けている。筆者は、この政権の核心的理念といってもいいスローガンについて、どう理解すればいいのか、ずっと考えていた。

中華民族の偉大な復興とはいったい何なのか。どうすれば中華民族の偉大な復興が実現するのか。そして、それはいつ実現するのか。「復興」というからには、かつて理想的な状態があったわけだ。となると、いったいどこに戻ろうとしているのだろうか。

戻るべきところはつまり、清朝以前の中華帝国時代のことを指しているのだと思う。少なくとも一八四〇年のアヘン戦争より前は、中国人自身、自分たちがアジアの支配者だと考えていた。中国はアジアのトップに立ち、周辺諸国は臣服し、中国王朝に朝貢していたのである。習近平が提唱している「中華民族の偉大な復興」とは、この状態なのだろう。つまり、毛沢東と鄧小平《とうしょうへい》を超えるため、自分の手で中国を頂点とするアジア支配の新秩序をつくりたいと考えているのだ。

では、いったいどうやって支配するのか。そのキーポイントが南シナ海なのだ。南シナ海は資源問題と同時に、もう一つ重要なファクターを抱えている。それは南シナ海が多くの国にとっての重要な貿易航路であるということだ。統計によると、世界の貿易のおよそ半分が南シナ海を経由している。

米国が目指しているTPP体制の中心は南シナ海だ。もし南シナ海を中国軍のコントロール下に置くことができれば、環太平洋地域経済圏は一瞬で破られることになる。つまり、南シナ海が封鎖されればTPPは終了するのだ。

だから習近平の南シナ海戦略には、重大な国際戦略が含まれているように思える。南シナ海をコントロールすることでアジアをコントロールでき、米国と並び立ち対抗することができる。

このように、南シナ海戦略では米国との徹底的な対立もあり得る。

米国の包囲網によりアジアで四面楚歌状況になった中国

南シナ海での中国の軍事拡張を封じ込めるために日米同盟を基軸とした合従連衡が形成される一方、中国はアジア諸国を個別に取り込む連衡策をもって対抗してきた。

しかしながら、ここ半年におよぶ一連の動静を見れば、合従連衡ゲームに敗れたのが中国のほうであるとわかる。

その端緒として挙げられるのが昨年一一月の習近平主席のベトナム訪問であった。首都ハノイを訪れた習近平主席はベトナムの首脳たちとの会談を次から次へとこなし、相手のことを「同志」とまで呼んで関係改善を訴えた。

しかし訪問中、同じハノイにおいて、ベトナムのフン・クアン・タイン国防相は来訪中の日本の中谷元防衛相と会談し、南シナ海の要衝であるカムラン湾の海軍基地に海上自衛隊の艦船を寄港させることで合意した。

習主席を貴賓として迎えている最中に、ベトナムは中国に対抗するための日越軍事連携を堂々と進めた。中国に対する「配慮」の気持ちはみじんもないやり方である。このベトナムに翻弄され、恥をかいて帰国の途に就いたのは習主席のほうだった。

その直後の一一月二一日からマレーシア首都のクアラルンプールで、東南アジア諸国連合（ASEAN）と日本、米国、中国など一八ヵ国の首脳が一堂に会した「東アジアサミット」が開催されたが、そこもまた、中国にとってのアジア外交惨敗の場となった。

まず二一日に開催されたのが米国とASEAN諸国との首脳会議。終了後の共同声明には「南シナ海における航行の自由を保障することの重要性」が明記された。

翌二二日の東アジア首脳会議では、親中派といわれるカンボジアとミャンマーを除くすべての国々が、南シナ海における中国の埋め立て・人工島造成の問題を提起して、中国批判の声を次から次へとあげた。

そして二四日、東アジアサミットは首脳会議の結果を受けて議長声明を発表した。中国による人工島造成で緊張が続く南シナ海情勢について、声明は「航行の自由」の重要性を再確認するとともに、「一部首脳が表明した深刻な懸念に留意した」と中国の動きを強く牽制した。

その結果、少なくとも南シナ海問題に関しては、アジアにおける中国の〝孤立〟は決定的なものとなった。

その後も、習政権にとっての衝撃的な出来事がアジアで次から次へと起きた。まずは一二月七日、カーター米国防長官とシンガポールのウン・エンヘン国防相が会談し、防衛協力の拡大で合意した。同時に、米軍のＰ８対潜哨戒機を三ヵ月に一回程度の割合でシンガポールに配備することを決めた。

米軍哨戒機の配備は当然、南シナ海における中国の動きを監視する目的である。中国からすれば、それは要するに、伝統的な友好国であったシンガポールが寝返り、米国の中国包囲網に加わることであった。習主席自身が一一月にシンガポールを訪問したばかりなのに、中国政府の挫折感はさぞかし大きかったのではないか。

そして翌日の八日、南シナ海問題とは関係がないが、韓国海軍が中国船に警告射撃を行う事件も起きた。

それから半年以上たったいま（二〇一六年八月）では、一時期蜜月と言われた中韓両国に隙間風が吹くまで冷えてしまったが、この当時においては中国ともっとも親密な関係にあるはずの韓国までが、習政権のメンツを丸潰れにするような行動を取ったのだ。

ここまで来たら、アジアにおける中国の立場はもはや四面楚歌に近い状況であろう。それは、習政権が進めてきた覇権主義的拡張戦略が招いた必然的な結果だ。

中国の古典には、「得道多助、失道寡助（＝道義にかなった者には助けが多く、道義を失った者には支持が少ない）」という有名な言葉がある。習主席はそれを暗唱でもしながら自らの行いを反省してみるべきではないか。

風雲急を告げる中国包囲網

広島において本年四月一〇日から一二日間、岸田外務大臣を議長とするＧ７外相会合が開

伊勢志摩サミットに先立つ2016年4月10、11日に行われた「G７広島外相会合」で平和記念資料館を訪問し、原爆死没者慰霊碑に献花する各国外相

催された。会合終了後、海洋安全保障について、緊張を高める一方的な現状変更（中国が進める南シナ海の軍事拠点化）が見られる東シナ海・南シナ海における状況に対する声明が発表された。

名指しこそ避けたが、中国が取った行動を「威嚇的・威圧的・挑発的な一方的行動」だと厳しく批判した上で、七ヵ国の総意として「強い反対」を明確に表明したのである。それは、中国の暴走に対する世界主要国の未曽有の危機感の表れであると同時に、中国に対する国際社会の強い圧力にもなったはずだ。

加えて、違反国に対して、拘束力を有する関連の裁判所の決定を完全に履行することを求めた。

中国外務省の陸慷《りくこう》報道官は、さっそく「強烈な不満」を表明した。一三日には中国政府がG7メンバー国の在中国大使館幹部を呼び出し、中国側の立場を厳粛に説明している。

中国政府の対応に焦りが見られるのにはそれなりの理由があった。ここにきて南シナ海周辺における中国包囲網が風雲急を告げているからにほかならない。

時系列で追ってみよう。

まずは三月九日、米国がB1などの戦略爆撃機をオーストラリア北部ダーウィンの空軍基地に巡回駐留させることを同国政府と協議していることが判明した。

同一四日、マレーシアのヒシャムディン国防相は、南シナ海での中国による軍事拠点構築に関し、「一国では（中国の）攻撃的行為を止めることはできない」とし、オーストラリア国防相と会談して連携を模索する考えを示した。

そして、四月一日（現地時間）、安倍晋三首相が米ワシントンでインドのモディ首相と行った会談において、両首脳は中国の南シナ海進出への「懸念」を共有した。一方、ベトナム国境警備当局は、ベトナム領海を侵犯した疑いで中国船を摘発した。

同三日には、米国の原子力空母ジョン・C・ステニスが南シナ海に展開し、中国に対する警戒監視活動を行っていることが複数の日本政府高官によって明らかにされた。

八日、カーター米国防長官は、ステルス性能を持つ最新駆逐艦全三隻を、太平洋とインド洋を管轄する太平洋艦隊に配備する方針を表明した。この三隻が今後、どこの国の海軍への抑止力となるのか、は明白だろう。

さらに一二日、日本の海上自衛隊の護衛艦「ありあけ」と「せとぎり」が、南シナ海に面するベトナムの軍事要衝カムラン湾の国際港に初めて寄港した。翌一三日、今度はカーター米国防長官がフィリピンを訪問、米・フィリピン両軍による定例軍事演習「バリカタン」を視察した。

このように、今春に入ってからの短い期間内に、日米と南シナ海周辺諸国は、「南シナ海問題」への対処として慌ただしい外交的・軍事的動きを展開してきたのであった。

その矛先が向かうところはすべて、かの覇権国家の中国であることに疑念はない。関係諸国は、米国を中心に、政治的・軍事的「中国包囲網」を着々と構築している最中なのである。

その仕上げの一つが冒頭のG7外相声明であった。四面楚歌にある習主席の中国は今後、どこまで世界と敵対していくつもりなのか。

鄧小平時代以来の対米協調外交と決別した習近平政権

一九九九年五月、コソボ紛争の中で米軍機が当時の駐ユーゴスラビア（現セルビア）中国大使館を誤爆し、中国人記者ら三人が死亡した。その時、中国政府は強硬な抗議を行ったものの、有効な対抗措置を取ることもなく、「誤爆」という米国側の言い分をそのまま受け入れた。後に、破壊された中国大使館の跡地に、ベオグラード市政府が記念碑を建てた。

誤爆から一七年過ぎた六月一七日、習近平国家主席はセルビア・ベオグラードを訪れ、中国人犠牲者のための追悼式典を執り行った。すでに誤爆事件が風化したいま、なぜ習主席はこのような行動をとったのだろうか。

これまでの一七年間、中国政府はむしろ、事件を忘れたかのようなふりをしてきた。米国に対する外交的配慮が理由の一つだが、やはり中国側にしてみれば、自国の大使館が米軍に爆破されても相応の反撃ができなかったことは屈辱の記憶であり、触れたくない古傷であろう。

だがここにきて習主席は、屈辱の古傷を自ら痛めつけるような形で事件のことを蒸し返し、米国の「旧悪」を決して忘れていないことを世に示した。そこにはもはや、米中関係に対する外交的配慮はみじんもない。米国に対する露骨な敵愾心が読み取れるのみであった。

米国に対する激しい反発の表れとして、最近、中国国内においてもう一つ注目される出来事があった。

五月下旬から、朝鮮戦争をテーマとする長編ドラマ『三八度線』が全国で放映され始めた。いまから六〇数年前の朝鮮戦争時、中国が大軍を派遣して米軍を中心とした国連軍と数年間にわたって激しい戦いを展開した。上記のドラマはそれを題材にして、悪魔の米軍を相手に勇敢に戦った中国軍を称揚したものになっている。

中国国内では、解放軍の戦争を賛美する映画やドラマが上映されるのはよくあることだが、意外なことに、一九八〇年代以降、朝鮮戦争での人民解放軍の戦いをテーマとする作品が公に出たことはほとんどなかった。

「改革・開放路線」が進められた鄧小平時代以来の歴代共産党政権は、対米関係重視の観点から、朝鮮戦争の歴史を喧伝して米国を刺激するようなことを避けていたからだ。実際、二〇〇〇年に一度、朝鮮戦争を題材としたテレビドラマの制作が進められたことがあったが、それは直ちに、当時の江沢民《こうたくみん》政権によって潰された。

習近平政権の下でこの長年のタブーが破られた。韓国の中央日報もこの一件を取り上げて「中国指導者の新しい外交姿勢を反映したタブー破り」と評しているが、まさにその通りであろう。同じ時期の、セルビア訪問中の習主席の行動と併せて考えてみれば、習近平政権は明らかに、鄧小平《とうしょうへい》時代以来の伝統的な対米協調外交と決別して、一種の「反米路線」へと傾いているようである。

このような新たな外交姿勢は、筆者が何度も指摘してきた「米帝国主義打倒」を旗印とした毛沢東的外交への先祖返りとも一致している。米国との対抗はどうやら、思想と戦略の両面において習近平外交の特質となりつつある。

もちろん、それは日本にとっては決して悪いことではない。一時、G2と呼ばれたような米中の親密な戦略的連携こそが日本にとっての悪夢だが、米中対立の構図が明確になれば、日本はむしろやりやすい。

日米同盟をより強固なものにして、アジアの平和と秩序の維持に貢献していくのが日本にとっての最善の選択肢ではないのか。

日米同盟に対抗するために露朝を巻き込む毛沢東的外交

中国、ロシア軍艦艇が相次いで、尖閣諸島周辺の接続水域に入ったのは本年六月九日未明のことであった。

中国軍の艦艇の侵入は日本に対する重大な軍事的挑発だが、ロシア軍の艦艇が同時に侵入した真相はいまだ不明のままだ。

中露両国が事前に示し合わせた計画的行動である可能性もあれば、この海域を通過するロシア艦隊に中国軍が便乗して行動を取ったのかもしれない。いずれにしても、中国が意図的に、ロシア軍の動きと連動して日本への挑発的行為に乗り出したものと考えられる。

日本とともに尖閣防備にあたるべきなのは同盟国の米国である。中国の戦略的意図は明らかに、軍事大国のロシアを巻き込んで「中露共闘」の形を作り上げ、日米両国を威嚇して、その同盟関係に揺さぶりをかけることにあろう。

なぜ中国は日米同盟に対してこのような敵対行為に出たのか？　その背後に見え隠れするのは、五月下旬の「伊勢志摩サミット」前後における日米の一連の外交行動である。

五月二三日、オバマ米大統領はサミット参加の前にまずベトナムを訪問し、ベトナムに対する武器禁輸の全面解除を発表した。

そして、伊勢志摩サミットの首脳宣言は名指しこそ避けているものの、南シナ海での中国の一方的な行動に対する厳しい批判となった。

これに対し、中国政府は猛反発してサミット議長国の日本だけを名指しして批判した。つまり中国からすれば、サミットを「反中」へと誘導した〝主犯〟は日本なのである。

六月に入ると、外交戦の舞台はシンガポールで開催されたアジア安全保障会議へと移った。そこで、米国のカーター国防長官は先頭に立って、南シナ海で傍若無人に振る舞う中国を名指しで厳しく批判し、大半の国々はそれに同調した。

これまで南シナ海問題でより中立な立場であったフランスまでがＥＵ諸国に呼びかけて、南シナ海で米国と同様の「航行の自由作戦」を展開する意向を示した。

中国の孤立感と焦燥感はよりいっそう深まった。そして六月七日に閉幕した「米中戦略・経済対話」で、南シナ海をめぐる米中の話し合いは、完全にケンカ別れとなり、米中の対立はより〝決定的〟なものとなった。

その直後の九日未明、中国は直ちに冒頭の威嚇行動に打って出た。追い詰められた中国は、ロシアの虎の威を借りて、日米主導の中国包囲網に対する徹底抗戦の意思を示したと思われる。

実は中国はその前に、もう一つの布石を打っていた。六月一日、習近平国家主席は訪中した北朝鮮の李洙墉《イスヨン》労働党副委員長との会談に応じたが、立場の格差からすれば北朝鮮に対する異例の厚遇であった。つまり習主席は日米牽制のために、北朝鮮の核保有を〝容認〟したまま、金正恩政権との関係改善に乗り出したのであった。

このように、日米主導の中国包囲網に対抗して、習近平政権はいま、世界秩序の破壊者同士であるロシアや北朝鮮を抱き込んで、対決の道を突き進んでいる。

ある意味でそれは、一九五〇年代初頭の冷戦時代の「毛沢東外交」への先祖返りである。ソ連や北朝鮮などの社会主義国家と連携して「米国帝国主義打倒」を叫びながら西側文明社会と対抗した毛沢東の亡霊が現在に蘇った感がある。

人や国が窮地に追い込まれたとき、先祖返り的な退行に走ることは往々にしてあるが、もちろんそれは、窮地打開の現実策にはまったくならない。南シナ海への覇権主義的野望を完全に放棄することこそ、中国が外交的苦境から脱出する唯一の道ではないのか。

中国が目指すのは米国が構築したアジアの秩序の破壊

中国のアジア周辺国に対する覇権主義的、あるいは中華帝国的な発想は不変である。

毛沢東時代の中国においては、当時の軍事力、経済力はいまとは比べ物にならないほど貧弱だったけれど、それでもたびたび戦争を起こした。朝鮮半島、インド、ベトナム、ソ連などが戦いの舞台であった。

毛沢東時代も現在も一貫しているのは、既成のアジアの秩序を破壊するという〝野心〟であろう。言い換えれば、米国が構築した〝秩序〟の破壊であった。

ただ、「共産主義革命」「マルクス・レーニン主義」というイデオロギーを掲げた毛沢東時代の場合、その野心のありかはわかりやすかった。周知のとおり、毛沢東は国民を餓死させても、ベトナムに対する援助を続けたし、インドネシアでは政変を画策した。

要は、毛沢東なりにアジアを支配しようとしていたのだ。支配するための一つの大義名分が共産主義革命を広げることであった。

自分たちの子供時代、毎日のように学校や人民日報から教えられたのは、「共産主義革命」

だった。いま思えば笑ってしまう。中国人民があれほどひもじい思いに耐えて苦しんでいたのに、政府の人間は子供たちにこう教え込んでいた。

「いいか、君たちが大きくなったら、君たちの任務は世界の人民を解放することだ」

いま思えば、世界の人民を解放することとは、世界的覇権を握ることなのであった。そういう意味では、筆者からみれば毛沢東たちは共産主義の〝仮面〟をかぶったナショナリズムを振りかざす覇権主義者であった。

その毛沢東時代が終わり、中国が標榜する共産主義のイデオロギーは完全に地に墜ちた。中国人の誰もが共産党政権が掲げる政治理念など信用しなくなった。

次に鄧小平の時代が訪れた。

現実主義者の鄧小平は、いまの中国の国力では偉そうなことは言えないし、何もできない。中国の急務は、〝平和的〟な顔をして西側から資金と技術を導入し、経済を発展させることだった。経済を十分に発展させた後で、自分たちのやりたいことをやればいいのだと、鄧小平は考えた。これが鄧小平の本音であろう。

鄧小平は改革開放政策をテコに中国経済を発展させてみせ、外交的にはひたすら韜光養《とうこうよう》晦《かい》路線に徹した。日本を含めて西側先進国は喜んで中国に資金と技術を提供した。

いま考えてみれば、米国も日本も欧州も含めた西側全体が中国というドラゴンを巨大化するため一生懸命に協力したことになり、これはおおいなる歴史の皮肉ともいえよう。

米国を裏切り続けてきた中国

鄧小平時代のなかで、あの天安門事件が起きた。一九八九年六月四日のことだ。天安門事件後、江沢民政権が誕生した。江沢民は共産党政権の正当性を主張していくには愛国主義しかないと判断、その路線にのめり込んでいった。

愛国主義が盛んになる一方、国力が増大していくことにより、中国は徐々に自信をつけてきた。

毛沢東政権時代、中国は海洋進出にあまり関心を持たなかった。要は陸軍至上主義、陸軍国家であったのだ。それが鄧小平時代に豹変し、海洋覇権を目指す政策を採り始めた。鄧小平は今日のエネルギー不足の時代を予見、東アジアのシーレーン確保には海洋を支配するしかないと考えたに違いない。

海洋戦略を制定、南シナ海、東シナ海の制覇を目論む中国は海軍力の増強に励んだ。これが西沙諸島、南沙諸島、尖閣諸島などで東アジア各国と衝突し、さまざまな問題が噴出する背景となった。

中国は一貫して米国がつくったアジア地図を破壊し、自分がアジアの覇者になろうとしているのだ。もともと中国はアジアの覇者であったはずである。

だから習近平が唱える「中華民族の偉大なる復興」という言葉には、当然、かつての中華帝国を復活させる意味合いが込められている。

中国は米国を裏切り続けてきた。ただし、鄧小平の時代には外交については「韜光養晦路線」、つまり、実力をつけるまでは本心を隠すという戦略を堅持していた。続く江沢民政権もそれを守り、胡錦濤《こきんとう》政権時代もいわゆる平和的台頭を掲げた。しかし、その裏側で軍拡は着々と進められていた。

「いかにして敵に勝利し、中国共産党の帝国を維持するか」

建国以来、中国は常にその一点にフォーカスし、政策を打ち続けてきたし、これからもこのポリシーは不変である。

そのために経済指標などは平気で操作する。それをけしからんと言うのは、中国からしてみれば、オカドちがいなのだろう。

たとえば中国当局が発表する失業率はこの一〇年間、すべて四%台におさまっている。その間に上海株が六〇〇〇ポイント台から一〇〇〇ポイント台に暴落しているにもかかわらず、である。

昨年に発表された米国防総省顧問マイケル・ピルズベリーのインタビューを読んで震撼した人は多かったはずだ。なにしろ一九七二年にニクソン大統領が訪中して以来、この四〇数年にわたりキッシンジャーが先導してきた対中融和路線は間違いだったと答えたのだから。

中国は日本に対してだけでなく、米国に対しても「韜光養晦」を貫いてきており、米国はようやくいまごろになって中国の底意を認識したというのだ。

「中国に対する甘い幻想は捨てよ」とインタビュー記事は結んでいたが、これは米国の懺悔以外のなにものでもない。

性急な都市化政策がもたらした甚大な冠水被害

中国内陸部の要衝、湖北省の省都・武漢は、七月五日から数日間にわたる豪雨に見舞われ、機能不全に陥った。連日の豪雨により市内二〇六ヵ所で冠水が発生し、幹線道路、商店街、住宅地の多くが水深一メートル以上の水に浸かった。

市内交通は完全に麻痺し、多くの住宅街が孤島化した。冠水が最もひどい地区では、住民が屋根の上に登って避難し、消防隊がゴムボートを使って救助に向かう光景も見られた。冠水被害に遭ったのは武漢だけではない。その一ヵ月前の六月初旬には広西自治区の南寧市中心部が全面的に冠水し、死者まで出た。同月中旬には、同じ広西自治区の柳州市も大規模な冠水となった。

同時期、湖南省の工業都市・株洲《しゅしゅう》市においても同様の大混乱に陥った。さらに同月二一日、今度は安徽省の合肥市で冠水し、市内交通はほぼ完全に寸断された。現地メディアの自虐めいた表現によれば、その時の合肥市全体は文字通りの「水郷」となったという。

七月に入ってからは、江西省九江市が水浸しとなって、市内を走る車は「まるで川を走る舟」となったかのような景観を呈した。湖北省漢川市ではマンションが林立する住宅団地の一つが冠水の中の「孤島」となり、住民たちは三日間にわたって閉じ込められた。湖南省永州市の場合、民家や商業施設がことごとく冠水し、市内の道路では網を持って魚取りに励む市民も現れた。

一連の冠水災害の原因は言うまでもなく連日の豪雨である。だが、今年の豪雨が特にひどいからこうなったのかといえば、実はそうでもない。過去七、八年間、都市冠水という名の災害は毎年のように全国範囲で発生して、いまでは、夏になると必ずやってくる厄介な「常連客」と化している感がある。

二〇一五年夏に中国政府当局が発表した数字によると、一二年には全国一八四の都市、一三年には二三四の都市で冠水が発生。一四年にも一二五の都市が冠水災害に見舞われた。これまで、全国の都市で冠水被害に遭ったのは六二%にも上り、その中でも、三回以上、冠水が発生した都市は一三七もあるという。

つまり、冠水災害はいま、中国全土の都市部に付きまとう深刻な「持病」となっているのである。しかも、地方都市だけでなく、北京、上海、広州などの代表的な大都会もことごとく冠水の被災地となった。二〇一五年夏に上海で深刻な冠水が発生し、多くの市民がボートに乗って市内を移動する光景がネットを通じて全国で見られた。そのため、上海市は一時、上海を逆さにした「海上市」と揶揄されるようになった。

冠水が中国都市部の一般的な持病となった最大の理由は、建設ブーム・不動産ブームの中で都市が急速に拡大したのに対し、排水溝や下水道などのインフラ整備が追いつかなかったことに集約される。

性急な都市化政策がいままでの高度成長を支えてきたが、そのツケが回ってきたわけである。問題は、七、八年前から冠水問題がすでに深刻化していたのに、今になってもいっこうに改善されず、むしろ悪化しているところにある。

こんな都市環境のひどさも富裕層の国外脱出にさらに拍車をかける大きな要因となるに違いない。繁栄と成長の象徴であった中国の都市は衰退・崩壊の道をたどっていくしかない。このことだけを見ても、この国の未来は、決してバラ色などとはいえないのである。

第4章

外交で連敗する失意の習近平指導部

中国の赤い舌「九段線」という茶番

中日新聞でユニークな風刺漫画を描き続けている漫画家、佐藤正明氏をご存じだろうか。その佐藤氏が、中国が主張するいわゆる「九段線」を皮肉った絵が話題を呼んだ。あかんべーをする習近平国家主席の赤い舌が九段線のテリトリーと重なっている図で、まさしく中国側の〝腹の内〟を表現しているわけだが、世界はそう甘くはない。

七月一二日、オランダ・ハーグの仲裁裁判所は南シナ海領有権問題に関する裁定を下した。最大のポイントは、中国が南シナ海の広い範囲に独自に設定した九段線には「法的根拠はない」とし、この海域に対する中国の「歴史的権利」を完全に否定したことにある。世界主要国の大半が裁定の〝正当性〟を認めていることからも、裁定はまったく適切なものであると思う。問題はむしろ、中国政府がいままでどうやって、南シナ海に対する自らの「歴史的権利」を主張してきたか、であろう。

中国側の主張をつぶさに見れば、証拠というべき具体的な証拠の提示はほとんどなく、ただひたすら歴史的「権利」を主張するだけの説得力に欠ける、いい加減なものであることが分かる。要は、九段線とは、中国が地図の上で勝手に九つの破線を引いて、フィリピンやベトナム近海までを含む広大な海域を「中国のもの」にしてしまったものにすぎない。かつて揚子江の砂が届くところまでが中国の領土だと国内法で定めてしまったのと同様、世界は中華帝国の所有物とする妄想を捨てられないわけである。

国際法の視点からすれば、このような「領有権主張」は横暴の一言で片付けられるけれど、実は現在の中国政府が主張する九段線は、かつて中国大陸を統治した国民党政権が設定した「十一段線」から受け継いだものだ。つまり、国際法無視の領有権主張に関していえば、いまの中国共産党政権も昔の国民党政権も同じ穴のムジナということになる。

二つの政権は共に、自国の国名に「中華」を冠したことからも分かるように、対外意識の根底にあるのは、当然ながら「中華思想」である。

昔ながらの中華思想は、外部世界に対する中華の絶対的優位性を主張すると同時に、いわゆる「王土思想」を世界観の基軸としている。

中国古典の《詩経》小雅《しょうが》のなかに、「普天之下《ふてんのもと》、王土に非《あら》ざるは莫《な》く、率土之浜《そつどのひん》、王臣に非ざるは莫し」という歌詞がある。

現代語に訳すれば、「天の下に広がる土地はすべて天の命を受けた帝王の領土であり、その土地に住む人民はことごとく帝王の支配を受くべきもの」という意味となる。漢王朝以降の中国歴代王朝においては、そのまま中華帝国の政治原理となっている。

つまり、天命を受けた「天子」としての中国皇帝こそが「天下」と呼ばれるこの世界の唯一の主である。したがって、世界の土地と人民のすべては中国皇帝、すなわち中華帝国の所有物となる。

現代の国際感覚からすれば、このような世界観は笑うべき妄想というしかないが、近代までの中国人は本気でそう信じていたし、その残滓たるものがいまでも、中国の指導者やエリートたちの意識の根底に根強く染み込んでいるのだ。

だからこそ、以前の国民党政権は何のためらいもなく南シナ海の広範囲で勝手な十一段線を引くことができたし、いまの中国政府はこの海域に対する歴史的権利を堂々と主張するわけである。

要するに彼らの潜在的意識には、南シナ海であろうと○○海であろうと、最初から中華中心の同心円の中にあるものだから、おのずと中国の〝もの〟なのである。

日本を究極のターゲットとする理由

中国人のエリートたちはおおむね日本の歴史、日本の伝統について甚だしく〝無理解〟である。せいぜい日本は中国から漢字を学び、要は中国の文化が日本を育てた程度にしか考えていない。中華帝国の勢力の及ぼす範囲に日本という国がちんまりと存在するのだとタカを括っている。

そんな中国のエリートたちが日本を上から見下ろすのは、彼らにとり歴史の正義に戻ることを意味する。

また、彼らエリートたちからすれば、近代になってからの日本は急に生意気になって、たまたま軍事力が備わったことで、中国をさんざん苛めた。要は、中国は日本の〝恩人〟であったのにかかわらず、日本はその恩を仇で返した。むしろ西洋列強よりも中国を苛め抜いた。

だから、中国にとって歴史の清算の最後にして最大の〝ターゲット〟は日本しかない。

彼らにすれば、この究極のターゲットである日本との問題に決着をつけないかぎり、中国の近代史は終わらない。つまり、中国のエリートたちはいまだに近代史のなかで生きている。あるいはアヘン戦争の延長線のなかで生きているのである。

振り返ってみれば、毛沢東時代の中国はあまり歴史問題を研究しなかったし、反日活動もほとんど行わなかった。

なぜか。要は当時の中国は正統性を主張するのに反日は不要であったからである。共産主義を唱えればそれで十分に正統性を持つと人民に受け入れられた。

中国の共産主義の正当性がもっとも危機に陥ったのは、天安門事件のときであった。天安門事件が一つの大きな転機になった。

毛沢東時代から、共産党とは人民のためにある、人民に奉仕する政党というイデオロギーがあった。しかし、天安門事件で人民を数千人も殺したことで、共産党の正統性は大変な危機に瀕した。

そのときに江沢民《こうたくみん》政権が誕生し、江沢民は反日戦略を開始した。一九八九年秋のことだ。共産党政権が失った正統性を〝再建〟するために、日本を道具として使った。江沢民政権からいまの習近平政権までずっとこの線でやってきた。

とにかく江沢民以降の政権にとって、反日は欠かせないカンフル剤となっている。いや、思惑以上の効果をもたらすアヘンかもしれない。政権にすれば、反日というアヘンである。同時に反日は中国の国民を麻痺させるアヘンでもある。共産党政権が続くかぎり、国民はアヘンを飲むことを止めないだろう。

筆者がここで強調しておきたいのは、中国外交には「汚名を雪《すす》ぐ」という凄まじいまでの執念が感じられるということだ。中国の対外戦略のもっとも重要な部分の一つは復讐主義にある。要はアヘン戦争以来の屈辱を晴らしたいのだ。

中国にとり清算すべき歴史は、欧州とのそれだけではない。彼らからすれば、近代史上、中国をもっともひどい目に遭わせた国は東洋にある。もっとも復讐心に燃え上がらなくてはいけない相手は日本なのである。

だからこそ、習近平は訪問先のドイツで何の脈絡もなく日本との歴史問題に触れ、何の根拠もない「南京大虐殺三〇万人」を言い出した。

彼らにとっての次なる雪辱の対象は日本をおいて他にないのである。

歴史教科書に載る悪意に満ちた日本観

ジャーナリストとしての大先輩である古森義久氏は、産経新聞の中国総局長時代、江沢民政権以降書き換えられた中国の歴史教科書を徹底的に調べてみた。二年ほど前に対談した古森氏はその調査結果について次のように語っていた。

……中国歴史教科書を調べてみると、日本の歴史について、日本の戦後の部分の記述がほとんどない。一九七二年九月に田中角栄首相が北京に来て、日中共同声明の調印式を行ったと、たった一行だけ記されていた。

日本国憲法について何も書かれていないし、日本のＯＤＡを中国が受けていたことなどもちろん書かれていない。日本が戦後いかに平和主義的な国家になったかについても一切触れていない。

江戸時代の歴史については、個人名が一つしか出てこない。徳川家康でも家光でもなく、天保の大飢饉で苦しい生活を強いられた民衆を救うために大坂で蜂起した大塩平八郎なのである。

これをみても、いかに中国の教育が日本に関しては歪んでおり、なおかつ徹底していることがよくわかる。

なぜ中国共産党政権が選挙もないのに、永遠にこの国を支配を続けようとするのか。その根拠の一つには、あんなに悪い日本の支配者を打ちのめしたことがある。むろん国民党も戦ったが、共産党も戦った。

共産党は中国全土を統一し、素晴らしい独立国家を初めてつくり、それを近代国家にした。しかもあの邪悪な日本を打ちのめした。だから、われわれ共産党政権は政権をずっと維持する資格があるのだと。つまりそれを正統性に置き換えたいというのが本音だろう。

ということは、中国共産党としては日本をこの先もずっと悪者にし続けなければいけない。それを継続しなければいけない。

したがって、日本がいくら謝っても何をしても、日本が日本であるかぎり、中国の日本非難は終わらない。日本に対する憎しみは消えないわけである。

巷間、ここまでやればなんとなく中間点で妥協ができると言われるが、それは甘いと思う。これは中国との領有権紛争においてもまったく同様で、共同開発などという妥協の選択肢はない。

いまの中国共産党政権の日本に対するきわめて厳しい態度は、私が北京に駐在していた江沢民時代と変わらないどころか、さらに悪化しているようだ。江沢民の厳しさは、彼が日本に対する個人的な恨みを持っているからだという説もあったが、今度の習近平の日本への憎しみは江沢民に勝るとも劣らないほどにみえる。

おそらくこれは中国共産党が続くかぎり、歴代指導者にずっと受け継がれていくのだろう。……


筆者はまったく同感であるとしか言いようがない。日本は尖閣諸島を巡る領有権問題について絶対に甘い見通しを抱いてはならないのである。

失意の旅となった昨年の習近平の訪米

ところで、各メディアでも大きく取り上げられたが、二〇一五年九月下旬の習近平国家主席の訪米は、あらゆる意味において外交的大失敗であった。

まず第一に、タイミング的に最悪であった。習近平が米国に着いた九月二二日、ローマ法王フランシスコが米国を訪れたのだ。しかも法王就任後初の訪米とあって、同じ国賓であっても、当然ながら米国政府はそちらのほうにプライオリティを置いた。

もともと二組の国賓の訪米は控えるべきで、このような同時訪米はきわめて珍しいわけだが、結局、割を食ったのは習近平であった。

念願の米議会演説はかなえられず、国賓の彼を迎えた首都ワシントンの空気はいたって冷たく、オバマ大統領との会談では南シナ海問題や人権問題などに関する米中間の対立がよりいっそう深まった。

「サイバー攻撃しない」との合意に達したことは首脳会談の唯一の成果というべきものだが、それはあくまでもオバマ大統領にとっての成果であって、習主席にしては単なる不本意な〝譲歩〟にすぎなかった。

一方、本書でもたびたび指摘してきた習主席自身が熱心に持ちかけている「新型大国関係の構築」に対し、オバマ大統領は最初から最後まで完全無視の姿勢を貫いた。ワシントンでの一日半の滞在は、習主席にとってはまさに失意の旅であった。

その代わり、習主席はワシントンより先にシアトルに入り、中国と関係の深い大企業を相手に自らの訪米を盛り上げた。そのために中国企業にボーイング機三〇〇機の「爆買い」

をしたが、カネの力で「熱烈歓迎」を買うような行動は逆に、習主席の対米外交が行き詰まっていることを浮き彫りにした。

ワシントン訪問に続く国連外交でも、習主席はやはりカネの力を頼りにした。九月二六日に開かれた国連発展サミットで、習主席は発展の遅れた国々などに対し、二〇一五年末に返済期限を迎える未償還の政府間無利子融資の債務を免除すると宣言した。同時に、いわゆる「南南協力援助基金」（SSC：South-South Cooperation）を設立し、第一期資金として二〇億ドルを提供すると発表した。

金満外交に離反し始めた民心

いかにも習主席らしい、スケールの大きなバラマキ外交であるが、国民の稼いだお金をそこまで自分の外交に使ってしまうと、思わぬ波紋が中国国内から広がった。

すぐさま人民日報の公式モバイルサイトが「中国による途上国に対する債務免除は〝貧者の大盤振る舞い〟なのか」と題する長文の論説を掲載した。

論説は、「国内一億人の貧困層の苦しみを無視した、貧者の大盤振る舞い」とする反対意見があることをあっさりと認めた上で、それに対する反論を延々と述べた。

習主席の途上国への債務免除発表からわずか二日後に人民日報がこのような反論を出さなければならないことは、逆に、国内の反発が急速に広がっていることをわれわれに教えた。

人民日報がこのような反論を発すると、当然、国内メディアは一斉に転載して「討議」を展開した。

たとえば大手ポータルサイトの「捜狐(SOHU)」はさっそくネット上の世論調査を行い、習主席の債務免除の是非を問うた。直後の反応は厳しいものであった。「反対意見の背後にある民心を直視すべきだ」とする回答が何と五六%近くに達していた。

つまり回答者の半数以上が債務免除への反対意見に同調しているのだ。習主席の展開した華やかな金満外交に対し、国民の大半はやはり冷ややかな目で見ていたのである。

習近平政権は成立以来、腐敗摘発運動の展開や民衆の声に耳を傾ける「群衆路線」の推進で国民からの一定の支持を勝ち取ってきたが、昨年九月の訪米直後から風向きが変わってきた。習自身の独断専行が逆に国民の多くの不信を買い、民心は徐々に離反し始めていった。

習近平は「大国の強い指導者」という自分自身のイメージを国民向けに演じてみせるために強硬な外交路線を進めた結果、米国との対立を招き、国際社会の中国に対する風当たりを強めてしまった。

その挽回のために大盤振る舞いの金満外交を行ったわけだが、逆に国民の反発を買い、国内における彼自身の人気を落とす結果となった。独裁者のやることはいつも裏目に出てくるものなのだ。

沖縄独立派を招聘した直後に起きた元米兵の女性暴行・殺害事件

ネット上で妙な記事を見つけた。

「第二回琉球・沖縄最先端問題国際学術会議」が中国・北京市の北京大学で開かれたと五月一七日の琉球新報ネット版が報じていた。同ネット記事によると、主催者は中国戦略・管理研究会、北京大学歴史学部などであるという。

日本の沖縄をテーマとした国際会議が、那覇でもなければ東京でもなく、中国の首都の北京において開催されたのはいかにも奇妙な出来事である。さらに不可解なのは、その中身だ。同ネット記事によれば、会議では「沖縄の自己決定権や米軍基地問題、独立などをめぐって意見を交わした」という。

沖縄の米軍基地問題や独立問題は日本の国防・主権に関わる重大問題であるのは言わずもがなだ。このような問題が、中国という第三国の研究機関主催の会議で議題にされたことは異常であるし、日本の内政に対するあからさまな干渉でもある。

とりわけ問題視すべきなのは、会議の筆頭主催者となった「中国戦略・管理研究会」である。中国の場合、名称に「中国」と冠することのできる機関は中央政府直属の組織である場合が多いが、上述の「研究会」は政府のどこの所属であるか、いっさい明らかにしていない。研究会の本部は中国政府が国賓を迎えるための釣魚台国賓館に住所を置いているから、それが通常の研究機関でないことは明らかだ。

研究会の理事の構成を見ると、国防相を務めたこともある人民解放軍の元上将など、大物軍人が名を連ねていることから、この研究機関の背後に中国軍があることはよく分かる。

中国政府・軍をバックにしたこの怪しげな研究機関の主催で、沖縄の米軍基地問題や独立問題を討議する国際会議が開かれたわけである。

これはどう考えても、中国政府と中国軍の戦略的意図に基づく、高度なる沖縄工作の一環であると考えていい。

詳細を調べてみると、国際会議といっても、参加者は中国側のメンバー以外には、日本からの沖縄関係者ばかりであった。その中には、琉球新報東京報道部長、沖縄タイムス学芸部記者など県内のマスコミ関係者や、「琉球独立」と「全米軍基地撤去」を一貫して主張している沖縄国際大教授や龍谷大教授などの研究者が含まれていた。

参加者の一人の教授に至っては、二〇一四年に中国戦略・管理研究会のホームページに寄せた論文において、「われわれの目的は琉球の独立だけでなく、軍事基地を琉球から全部撤去させることだ」と宣言している。件《くだん》の国際会議においても、「全基地撤去」を前提とした論文を発表したという。

当然ながら、沖縄を日本から切り離して独立させることと、米軍基地を沖縄から追い出すことは、中国の国益と戦略にとってこの上なく望ましい展開となる。したがって、中国政府と中国軍をバックにした件の研究機関が、同じ政治主張の沖縄マスコミ関係者や日本人学者を招聘して国際会議を開くことの意図は明白であろう。

中国政府と軍による沖縄分断工作は、いまや堂々と展開されている。問題は、中国側の工作が実際、どれほどの効果を上げているかであるが、ここではひとつ、事実関係だけを指摘しておこう。

米軍基地問題を討議した北京国際会議から一週間も経たぬうちに、沖縄で元米兵の女性暴行・殺害事件が発生した。それをきっかけに、北京の国際会議に参加者を出した琉球新報と沖縄タイムスが旗振り役となって、全米軍基地撤去を求める運動を展開し始めた。北京会議とこの運動の間に果たして関係があるのか。それはむしろ、当事者たちが答えるべき問題であろう。

中国との競争に対して自信満々なインドの実情

筆者は本年の三月二一日から一週間、友人のペマ・ギャルポ・桐蔭横浜大学教授に連れられて、インドへ視察旅行に出かけた。

「インドから日本と中国を見る」との趣旨で、現地の人々にいろいろと聞き回ったが、特に、インド人の対中国認識を探ってみた。

おしなべてインドのエリートたちは、中国に対する適度のライバル意識と警戒心を抱きながら、中国との国家的競争に関しては、むしろ自信満々である。

たとえば、インド政府の元駐外大使でいまは国際問題研究機関に勤めるS氏は、ほほ笑みながらこう語る。

「インドと中国の競争は、経済力や軍事力の面だけではない。ソフトパワーの競争が肝心だ。どちらのほうが平和国家なのか、どちらのほうが政治的に安定しているか。長い目で見れば、世界の人々は分かってくるのではないか」

この言葉はすごく印象に残っているが、ちょうど私たちの旅行中に、世界に広がった中国とインド関連の国際ニュースを見てみれば、S氏の言いたいことの意味がわかったような気がする。

たとえば中国に関しては、二一日からの一週間、こういったニュースがあった。

まずは二一日、インドネシア政府が、違法操業で検挙した中国漁船を中国公船に奪われた一件で、中国政府に抗議した。二四日、中国の漁船など約一〇〇隻が同日までに、マレーシアの排他的経済水域（EEZ）に侵入したことが報じられた。

いつものように、各国と何らかのトラブルを起こしている中国だが、国内でもさまざまな問題が起きた。

二四日、習近平国家主席を批判する公開書簡を掲載した新疆ウイグル自治区の政府系のニュースサイト『無界新聞』が閉鎖されたとのニュースがあった。二五日、習主席批判書簡との関連で、米国に滞在する著名な中国人の民主活動家、温雲超《おんうんちょう》が、中国に住む家族と連絡が取れなくなっていることがわかった。

そして二六日朝、中国の著名な女性人権活動家、倪玉蘭《げいぎょくらん》夫妻の借家に多数の当局者が押し入り、夫妻を追い出して家具や荷物を路上に運び出し放置した、という衝撃的な出来事もあった。

このように、たった一週間で、中国という国の対外姿勢の横暴さと国内の独裁政治の野蛮さを示すような出来事が相次いで起き、それらがニュースとなって世界中を駆け巡ることとなった。世界の人々、特にアジアの人々はこれで、この得体の知れぬ大国に対する不信感と警戒感を増幅させていくしかないのではないか。

中国とは対照的に、同じ二一日からの一週間、インドに関するマイナスのニュースが何かあったのかといえば、ほとんど見当たらない。

インドはどこかの国とトラブルを起こして国際社会を騒がせたわけでもなければ、国内で非道な言論弾圧を行うこともない。

二四日、米誌が発表した「世界の偉大なリーダー五〇人」の二〇一六年版で、インドのデリー首都圏政府のケジリワル首相が四二位に選出された。それがこの一週間におけるインド関連ニュースのトップであった。

つまり、中国がその「野蛮国家」のイメージを毎日のように世界に拡散させているのに対し、インドはむしろ、アジアの平和国家と民主主義国家としての評判を確実に高めている。だからこそ、いまは米国も日本もその他の世界の主要国も競ってインドとの親交を求めているのだ。

いずれインドの経済的実力が中国に追いついた暁には、アジアの中で各国から信頼され、影響力を持つ大国が、中・印のどっちになるのか、一目瞭然ではないか。それこそは、筆者がインドという異国から見た、大国中国の「大いなる限界」なのである。

韓国の「THAAD配置」に対する中国現役軍人の常軌を逸した反応

ところで、この七月に韓国政府が米軍の「高高度防衛ミサイル（THAAD）」を韓国国内に配備すると発表して以来、それが自国の安全に対する〝脅威〟だと執拗に訴えてきた中国政府は、「制裁」の部分的発動などの圧力を韓国側にかけてきた。それと同時に、各宣伝機関や御用学者を総動員して、韓国の措置に対するすさまじい批判キャンペーンを展開し始めた。

こうしたなかで、中国の環球時報ネット版『環球網』は八月一六日、ある軍関係者の韓国批判発言を紹介しており、それは実に興味深い内容であった。

発言者は中国国防大学戦略研究所元所長の楊毅《ようき》教授で、少将の軍階級をもつ現役の軍人である。韓国の「ＴＨＡＡＤ配置」に関する座談会で楊教授は、中国の意向に反して配置を決めた韓国に対し「徹底的な懲罰」を加えるべきだと主張した上で、こう語るのである。

「今回は徹底的に韓国を懲らしめることによって、今後のための一つのルールを確立することができる。それを（韓国だけでなく）周辺国にわからせよう。中国と付き合うのにはルールがある。（それに従わず）わがままな行動を取った場合、お尻を叩かれなければならないのだ」

楊教授発言にできるだけ忠実な日本語訳だが、ポイントは二つあると思う。一つは、韓国を懲らしめることによって中国と韓国、中国と周辺国が付き合う場合のルールを確立すべきだということである。

もちろんその場合、「ルール」を確立するのは中国のほうであって韓国やその他の周辺国ではない。しかも中国は、韓国や周辺国との話し合いによって「ルール」をつくるのでもなく、「懲らしめる」という中国側の一方的な強制力をもって、それを確立すべきだというのである。

つまり楊教授はここで、韓国や周辺国との関係において、中国は一方的にルールをつくって周辺国に強制すべきだと堂々と主張している。ここにはもはや、国家間平等の観念や「皆で共通のルールをつくろう」という国際社会の常識はかけらもない。あるのはただ、中国こそがアジアと世界の絶対的な「立法者」であり、独尊無二の「覇者」であるという、あまりにもゆがんだ自国意識である。

それでは、周辺国が「中国のルール」に従わない場合はどうなるのか。それについて楊教授発言は次のような答えを用意している。つまり、「お尻を叩かれる」というのである。

中国語の世界では、「お尻を叩くぞ」というのはたいてい、親や学校の先生がいたずらな悪童に対してよく使う言葉だ。韓国や周辺国などの主権国家に対し、このような言葉が自然に口から出てきたことは驚くべきである。

往時の華夷秩序において、中華帝国は自らのことを「親」としての「宗主国」を自任し、周辺国や民族を単なる「教化されてない蒙童」として取り扱っていたが、こうした覇道主義的中華思想の亡霊が目の前に蘇ってきているのである。

それは中国の一軍人の妄言として片付けられるようなものではない。楊教授の発言はまさに公の発言として堂々と発表され、中国全国のネットで広く流布されている。「お尻を叩く」という言葉は、すでに多くの新聞紙やネットニュースのタイトルにもなっている。それに対する異論や批判は国内では一切ない。国際社会では信じられないほどゆがんだこの発言は、中国ではむしろごく自然に当然な言葉として受け止められているのだ。

これを見てわれわれは一つ、大事なことを銘記しておかなければならない。昔の中華帝国のように力ずくで周辺国をねじ伏せ、中国の一方的なルールに従わせて自らが覇者となるということの恐ろしい意識こそ、いまの中国政府と多くの中国人エリートの本音と野望なのである。

秦の連衡策に倣う中国の近隣外交戦略

先にもふれたように、昨年後半からの中国は、アジア太平洋地域において一連の慌ただしい近隣外交を展開してきた。李克強《りこっきょう》首相は一一月初旬、韓国のソウルで三年半ぶりの日中韓首脳会談に参加し、日本の安倍晋三首相との初の公式首脳会談を行った。習近平国家主席のほうは、就任後初めてベトナムを訪問し「関係の改善」を図った。さらに王毅《おうき》外相はマニラを訪れて、フィリピンの大統領、外相と相次いで会談した。

この一連の外交活動の対象となった三ヵ国が抱えている共通問題といえば、やはり南シナ海だ。同海での中国の拡張戦略に対し、ベトナムとフィリピンの両国は当事者として激しく反発していた。

一方の日本もまた、自国のシーレーンとなる南シナ海の「航海の自由」を守るべく、中国の戦略に強く反対する立場を取るなか、中国がこの三ヵ国に急接近してきた意図は明白であった。

昨年一〇月末の米海軍による南シナ海哨戒活動の展開によって米中対立が一気に高

まった。中国政府は南シナ海問題の当事者諸国との緊張を緩和させることによって、中国批判を強める米国を牽制するつもりであった。当事者同士が話し合いで問題解決に向かうのなら「部外者」の米国は口出しが難しくなるという計算が中国側にあった。

さらにAPECの前に、関係諸国を取り込んだ上で米国の攻勢を封じ込めておくのが、先に述べた一連の中国外交の狙いであった。

要するに、米国を中心とした「有志連合」が中国の拡張戦略に立ち向かおうとするとき、有志連合の参加国と個別に関係改善を図ることによって連合の無力化を図ろうとしたのであった。それは中国で古来使われてきた伝統的得意技である。

中国には紀元前八世紀から同三世紀まで「戦国」と呼ばれる時代があった。秦国をはじめとする「戦国七雄」の七ヵ国が国の存亡をかけて戦った時代だったが、その七ヵ国のなかで一番問題となったのが軍事強国かつ侵略国家の秦であった。

いかにして秦国の拡張戦略を食い止めるかは当然他の六ヵ国（韓・魏・趙・燕・斉・楚）の共通したテーマであったが、その際、対策として採用されたのが、六ヵ国が連合して秦国包囲網をつくるという「合従策」であった。

六ヵ国が一致団結して「合従」を固めておけば、秦国の勢いが大きくそがれることになるが、一方の秦国が六ヵ国の合従を破るために進めたのが「連衡策」であった。六ヵ国の一部の国々と個別的に同盟を結ぶことによって、合従した国々を離反させ、各国を撃破する戦略だ。この策で秦国は敵対する国々を次から次へと滅ぼしていったが、最終的には当然、秦国との連衡に応じた「友好国」をも容赦なく滅ぼしてしまった。秦国の連衡策は完全な勝利を収めたわけである。

あれから二千数百年がたったいま、アジア太平洋地域は戦国時代さながらの様相を呈している。中国の拡張戦略を封じ込めるために米国や日本を中心にした現代版の「合従」が出来上がりつつある一方、中国はかつての秦国の「連衡策」に学ぶべく、対中国合従参加国を個別的に取り込もうとする戦略に打って出たのである。

その際、日本もベトナムもフィリピンも、目先の経済利益に惑わされて中国の策に簡単に乗ってしまってはならない。あるいは、中国と良い関係さえつくっておけば自分たちの国だけが安泰であるとの幻想を抱いてもいけない。

秦国によって滅ぼされた戦国六ヵ国の悲惨な運命は、まさにアジア諸国にとっての「前車の轍」となるのではないか。

第5章

ご都合主義経済の終焉

事実上〇%成長に近い水準だった二〇一五年の中国経済

政府公表の二〇一五年の経済成長率は六・九%。一九九〇年以来二五年ぶりの低水準だが、問題は、この低水準の成長率でさえ、かなりの水増しがあろうと思われることである。経済の実態をより適切に反映できる「李克強指数《りこっきょう》」の二つ、「電力消費量の伸び率」と「鉄道貨物運送量の伸び率」をみると、一五年の前者は〇・五%増にとどまっており、後者に至っては一一・九%減だ。

ならば、経済全体の成長率が六・九%もあるはずはない。もう一つ、対外貿易の関連数字を見てみると、真実はより明確になってくる。

二〇一五年の中国の対外貿易総額は八%減。そのうち、海外からの輸入総額は一四年と比べて一四・一%も減少した。海外からの輸入は当然、消費財と生産財の両方を含んでいる。輸入総額が一四%以上も減ったことは、中国国内の生産と消費の両方が急速に冷え込んでいることを反映している。

結局、政府公表の経済成長率以外の、すべての統計数字を照らし合わせてみれば、二〇一五年の中国経済は事実上、〇%成長に近い水準にあったことはほぼ断言できよう。

それでは、今年の中国経済はどうなるのか。

二月一日、国家統計局が発表した一月の購買担当者指数（ＰＭＩ）は四九・四で、昨年一二月より〇・三ポイント悪化した。新年早々の不吉なデータは、今年の中国経済の不安な先行きを表していた。

こうしたなかで、中国経済問題に関するひとりの外国人の発言が、中国国内で騒動を引き起こすこととなった。一月二一日、米の著名な投資家のジョージ・ソロスは世界経済フォーラム年次総会（ダボス会議）で「中国経済のハードランディングは不可避」と発言し、アジア通貨の空売りをも宣言した。

二日後の二三日、新華社がそれを取り上げて厳しく批判したのをはじめ、「ソロス発言」への中国メディアの一大批判キャンペーンがスタートした。

二五日、人民日報海外版は「中国を空売りする者は必ず敗れる」との論評を掲載。二六日には新華社が再び、ソロス発言をやり玉にあげて、彼のことを「視力障害」だと揶揄した。

そして二八日、人民日報は第一面で署名記事を掲載し、ソロス発言に反論すると同時に、「中国経済は絶対ハードランディングしない」と宣した。翌二九日、人民日報海外版も再度ソロス発言への批判記事を掲載したが、そのなかで「でたらめ」という罵倒までをソロスに浴びせた。

それでも気が済まないのか、二月三日、今度は国家発展改革委員会の徐紹史《じょしょうし》主任（閣僚級）が登場して、ソロスの「中国経済ハードランディング論」を徹底的に批判した。

このように、外国の一民間人の発言に対し、中国政府は国家の中核メディアと政府高官を総動員して、いわば「人民裁判式」のすさまじい批判キャンペーンを展開した。

そのなかで、共産党機関紙の人民日報までが、執拗にも「でたらめ」などのひどい言葉を持ち出して外国人の投資家に投げつけてきた。

このような恥も外聞もない「狂乱ぶり」は逆に、ソロスの中国経済ハードランディング発言が、中国政府の痛いところをついた証拠であろう。中国政府自身もソロス発言が真実だ、とわかっているからこそ、必死になってそれを打ち消そうとしたのである。

言ってみれば、ソロスへの「人民裁判」の背後にあるのは、まさに中国経済の絶望的な状況である。ソロス氏を苛めただけでは状況は何ひとつ変わらない。

急速に落ち込んできた個人消費

二〇一四年から始まった中国経済の急減速の最大の要因は国内消費の不振に収斂されよう。しかしながら、それを招いたのは中国ならではの「貧富の格差」にほかならない。

「可能な者から先に裕福になれ。そして落伍した者を助けよ」

改革開放の設計者である鄧小平《とうしょうへい》が基本原則として唱えた「先富論」を都合よく解釈した共産党幹部やその取り巻きたちは、強大な権力を持つようになった。

権力が市場経済に〝介入〟して莫大な利権を作り上げ、彼らにとてつもない富をもたらした。しかしながら、富があまりにも一部の人々に集中しすぎた。

あまりにも一部の人にお金が集中すると、その人たちは国内で消費しない。みな欧米や日本で不動産を買う。その代わり、中国のお金が海外に行ってしまう。一方、大半の国民は中国の国内で消費しようとしても、それほどお金がない。

中国経済の最大の弱点とは、二〇数年間にわたる高度成長を遂げたといっても、国内消費が徹底的に不足していることである。

海外からすると、中国には大きな市場があると思われがちだが、過去一〇数年間、実際には消費不足、内需不足の状況が続いてきた。それはGDPに対する個人消費を示す「個人消費率」という数字に如実に表れてくる。

たとえば、日本の個人消費率は毎年約六割を占めており、最大の需要となっている。日本経済の六割は国民が消費需要として支えており、そういう意味では日本経済は健全といえる。個人消費率がさらに高いのは米国で、実に七〇%もある。

それでは中国はどのくらいの個人消費率になるのか。たった三五%しかないのである。

二〇一五年になると、個人消費の落ち込みがさらに顕著化してきた。

この時期に公表された、中国経済関連の一連の統計数字は実体経済の深刻さを如実に語っていた。

たとえば、中国自動車工業協会が同年八月に公表した数字によると、七月における全国の自動車生産台数は一五一・八万台で、前年同期比では約一一%減、前月比では何と約一八%減で、まさしく地滑り的な落ち込みをみせた。

生産台数激減の最大の理由は当然ながら、販売台数の減少にある。一五年七月の全国自動車販売台数は前年同期比で約七％減、前月比では約一七％の減少となった。これはまた、中国全体における個人消費の急速な冷え込みぶりを示した。

むろん消費の冷え込みは自動車市場だけの話ではなかった。

昨年八月に米調査会社が発表した、昨年四～六月期の中国市場におけるスマートフォン販売台数は、前年同期比で約四％減少、四半期ベースで初めて前年を下回った。

国家工業情報化部（省）が同年九月に公表した数字によると、全国の移動電話の通話量は同年七月までにすでに連続七ヵ月間のマイナス成長となった。

同九月の国家統計局の発表では、昨年上半期において全国のビール消費量は前年同期比で約六％減、ここ二〇年来で初のマイナス成長を記録した。

ことほど左様に、二〇一五年を境にビールの消費量からスマートフォンや自動車の販売台数まで、中国の消費市場は急速に縮まっているといえよう。そして、自動車販売台数の激減が直ちに生産台数の激減につながったのと同じように、消費の冷え込みは当然、製造業全体の不況をもたらしている。

こんな証拠もある。英調査会社マークイットが一五年八月に発表した同月の中国製造業購買担当者景気指数（ＰＭＩ）速報値が驚きの四七・一に落ち込んでいたのだ。

ＰＭＩとは好不況の分かれ目の数値で、五〇以下であれば不況となる。中国のＰＭＩはこれで六ヵ月連続で五〇を割っただけでなく、八月の四七・一という数値はリーマン・ショック後の二〇〇九年三月以来、約六年半ぶりの低水準、まさに大不況の到来を示す数値であった。

起こるべくして起こった上海株の暴落

そして二〇一五年の中国経済におけるマイナスのハイライトは、七月からの上海株（上海総合指数）の大暴落であろう。

上海株は六月一二日に五一六六と二〇〇八年一月以来七年五ヵ月ぶりに最高値を記録した。この最高値をつけるまでの一年間の上がり方は約二・五倍と異常な伸長率を示していた。株式市場の規模も軌を一にして増大し、なんとこの時期には一〇兆ドルに達していた。

株価急騰の要因ははっきりしていた。一般人には不動産投資は高すぎて手が出ない。それで投資先が金融商品に向かったけれど、結局、利回りで考えると株式投資しかないと大方の個人投資家が判断をしたからである。

もともと中国の国有企業の上場株式については市場に出回るのは三分の一程度で、残りは政府と政府系ファンドが保有することになっている。これが個人投資家のコンセンサスになっている。つまり、株価が下がれば国が反発して押し上げてくれる。だから、株式市場は酷い有様にはならないと一般の個人投資家は思い込んでいた。

そうした安心感からか、中国株の売買高の八割は個人投資家のものであり、二〇一五年六月時点における個人の証券口座数は二億二五〇〇万件と年初から半年間で二五%も急増した。中国政府が相次ぐ規制緩和策を講じたこともあって株価も売買高も急伸したが、すでに相場は高所恐怖症の段階に突入していた。

六月中旬から株価の急落が始まった。月末までに時価総額にして約四〇〇兆円が消えた。慌てた中国政府は株価下落対策をいくつも打った。売買手数料の大幅な手数料引き下げ、証券各社に投信買い入れを要請したり、売買停止銘柄を全体の半分以上に拡大したり、挙句の果てには上場企業の大株主の株式売却を禁じるなど必死の措置を講じたものの、七月二八日に再び株価急落をみた。

この日の上海総合指数の下落率は八・五%と、二〇〇七年二月以来約八年五ヵ月ぶりの暴落を記録した。前述したように、実体経済の悪化はもはや誤魔化し切れない段階にきてしまっていたのが最大の原因であった。中国株のバブル崩壊は起こるべくして起こったとしか言いようがなかった。

そして、さらに状況を悪化させたのが八月一一日にいかにも唐突に行われた中国当局による人民元の切り下げと、八月一二日に発生した天津の大爆発事故というダブルパンチであった。

国際慣習を無視して行われた中国当局の人民元切り下げ

仕上げは八月二〇日からの暴落で、二五日には上海総合指数は一日で七・六%も下がってしまう。その要因については後述するが、この暴落をきっかけとして、株安は日米欧、アジア諸国へと瞬く間に伝播し、世界同時株安となった。

NYダウなどは一時史上初の一〇〇〇ドル超の下げを記録、メディアからは第二のリーマン・ショック襲来、いや世界大恐慌へ突入かといったヒステリックな言説が飛び交った。だが、金融関係者を取材してみると、実相はメディアの報道とはかなり違うことがわかってきた。

たしかに世界各地の株価は大幅安となったが、日本も含めて、それは実体経済と株価との乖離を解消するための「調整」が同時に起きたというのである。

その原因は、各国ともデフレを恐れるあまり、極度の金融緩和を行ってきたため、あり余ったマネーが不自然に株価を吊り上げていたからだった。

何かのマイナス要因が発覚すれば、ヘッジファンドたちが実体経済と株価の乖離を突き、猛烈な売りを浴びせてくる。そのタイミングを彼らは待ち構えていた。

絶好のタイミングを与えたのが、中国の人民元の切り下げであった。八月一一日からの三日間、中国人民銀行は世界に対してなんの告知もなく、あまりにも唐突に、人民元売買の目安となる基準値を四・五%も切り下げた。ただでさえ景気減速の中国に危機感を抱いていた市場は、中国リスクに過敏に反応、それが真っ先に表れたのが上海株であった。

だが、この時点で多くのメディアが見誤っていたようだ。

香港の財閥系シンクタンク研究員がいささか中国に対する揶揄を込めて、次のように語っていたことを思い出す。

「中国の長年の要望は、IMF（国際通貨基金）の国際準備資産・SDR（特別引出権）の構成通貨に人民元を加えてもらうことだった。現在の構成通貨はドル、円、ユーロ、ポンド。

まずはＳＤＲに加わることで、中国は人民元の国際化を促進させ、ゆくゆくは人民元をドルと並ぶ基軸通貨に押し上げる橋頭保としたかった」

ところが、中国側は国際慣習を理解していなかった、経験不足を曝け出してしまった、と彼は続けた。

「今回、中国人民銀行は国際的に何のアナウンスもなしに、自分の都合で、人民元をより市場実勢価値に近づける目的で切り下げを実施した。こうしたことは、通常ならば一年以上前から用意周到に各国に向けてアナウンスし、コンセンサスをとっておくべきであったのに、予告は一切なかった。それでも市場に受け入れてもらえると思っていたのかもしれないが、非常識も甚だしい。これでは国際社会の一員には当分なれないし、結局、中国は大恥をかいたことになる」

いきなり中国が人民元レートを四・五％も切り下げたことで、市場は、中国経済はそこまで苦しいのか、そこまでして輸出がしたいのかと、市場が受け止めてしまうのは無理からぬことであった。

八月末の世界同時株安が「調整」であったのは、その後の株価の経緯をみれば一目瞭然であろう。

中国はアジアインフラ投資銀行を創設する資格などなかった

ところで、中国主導で設立されたアジアインフラ投資銀行（ＡＩＩＢ）の創設メンバー国は予想を上回り、五七ヵ国に及んだ。

そのなかで日本が総裁ポストを独占してきたアジア開発銀行（ＡＤＢ）に参加していないのはロシアとサウジアラビアはじめ中東八ヵ国、加えてマルタ、ポーランド、アイスランド、ブラジル、エジプト、南アフリカなど一五ヵ国。

昨年三月末、首相官邸に衝撃が走った。財務省が「参加は絶対にない」と断言していたＧ７のメンバー（英国、ドイツ、フランス、イタリア）が雪崩打つように参加に回ったからだ。

これを受けて、政府は様子見の姿勢に変わった。

「どこの国に資金拠出するのかという意志決定や入札の公平性が確認できたところで参加すればいい」

と麻生財務相は語っていた。

中国の発言権を認めようとしないＩＭＦ、ＡＤＢ、つまり米国中心の一極構造に対する不満がＡＩＩＢ創設の最大の理由であることを考えれば、従来の世界銀行やＩＭＦ、ＡＤＢなどとはまったく異なる手法でＡＩＩＢが運営されていくのは確実である。

仮に遅れて日米が参加しても、中国はＩＭＦ、ＡＤＢでされてきたことを日米に対して「倍返し」するはずだ。

今回のＡＩＩＢ参加をめぐる動きをみて浮き彫りとなったのは、露骨な親中姿勢をみせた欧州三強（ドイツ、フランス、イギリス）と頑なに中国敵視を続ける日米のコントラストであった。結局、日米は最後までＡＩＩＢに歩み寄る気配すら見せなかった。

本年一月、資本金一〇〇〇億ドル、理事は本部の北京に常駐しない、重要案件に対して中国のみが拒否権を持つというＡＩＩＢは正式に開業した。だが、いまこの原稿を書いている九月上旬時点で、正式に決まった単独の融資案件は、パキスタンの高速道路整備のたった一件にすぎない（その他に世銀などとの協調融資が三件進行しているだけだ）。

現時点においては、まったくの「空振り」と揶揄されても仕方のない状況に甘んじている。

この現状には欧州三強も肩透かしを食らった模様で、参加した意味などなかったという自嘲の声が伝わってくる。中国としては米国を中心に動く世界の金融秩序に〝風穴〟をあけたかったのだろうが、このていたらくでは世界の笑いものになるだけである。

評論家の宮崎正弘氏は、IMFと世界銀行に対抗する中国のAIIB創設という挑戦を「その意気やよし」と最初は評価していたようであった。ところが、AIIBの資本金はドル建てで、人民元建てではなかった。ドル基軸体制に挑戦するからには当然人民元建てにするのだろうと筆者も思っていたが、結局、ドルに依存するしかなかったのである。

八月二一日の日本経済新聞に載っていた山崎達雄・前財務省財務官のコメントを読んで、中国がそもそもAIIBを創設する資格などなかったことが判明した。コメントは以下のとおりである。

「中国はAIIB創設の理由を、アジア開発銀行（ADB）がアジアのインフラ需要に対応できていないとも批判していたが、見当違いだ。ADBの資金供給能力を制約しているのは、いまも最大級の借り手である中国自身にほかならない」

要は、AIIBを創設してアジア諸国に融資する役目を買って出た中国自身が、ADBから大量の融資を受けて、ADBの活躍の場を制限してしまっているわけである。

これこそが中国の生身の姿だし、悪辣このうえない。筆者は、中国はADBから借りた金を踏み倒す気ではないかと思っている。

中国経済を牽引してきたのは輸出と不動産投資

ここからはリーマン・ショック以降、低空飛行をしながらも、公式発表数字を誤魔化しながらも、二〇一四年まではなんとか持ちこたえてきた中国の経済構造を、いま一度分析してみたい。

中国経済のなかで一四億国民の消費する分はGDPの三五%であると先に記した。ということは、あとの六五%はその他に回っていることになる。

一つは輸出に回っている。中国は約三〇年間にわたり、中国製の安い商品をダンピング輸出し、シェアを拡大し、外貨を稼いできた。だから中国は現在も減ってきたとはいえ、世界一の外貨準備高を持っているわけである。

中国はダンピング輸出により中国経済を牽引してきた。逆に言うと、輸出で経済を発展させていくためには、国民の賃金を安く抑えなければならない。そうでないと廉価な商品はつくれないからだ。しかし、賃金を抑えた結果、個人消費はますます足りなくなってしまった。内需不足だからこそますます輸出を頼りにするという悪循環に陥った。中国の経済の対外依存度は日本よりも際立って高くなってきた。

しかしながら、輸出だけではとてもGDPの残り六五％を埋められる道理がない。中国のGDPを増やすためのもう一つの柱が不動産投資であり、政府主導のインフラ建設などの公共事業投資であった。要するに、国民は消費しないけれども、投資で経済を牽引してきたわけである。建物を一つ造れば、コンクリートや鉄筋やさまざまな原材料や資源などが必要になり、さまざまな産業が繁栄する。それを誘発させるために需要をつくってきた。要は、中国は投資により各方面の需要を喚起してきたのである。

この一〇年の中国の毎年の固定資産投資の伸び率は二五〜三〇％にも及んだ。問題はここである。投資で経済を引っ張っていくのはいいのだが、当然それには資金が必要である。本来ならば、企業は商品開発に投資して、その商品が売れて、回収したお金で次の商品開発に投資するという循環がある。つまり、投資は消費の拡大で支えられるのが原則となる。だが中国の場合、あまりにも貧富の格差が生じてしまったことから、個人消費の拡大にはまったく期待できない。

中国はそれを公共事業に求めるしかなかった。政府が公共事業をこれでもかと興して景気を支えるケインズ政策。これを積極的に進めるしかなかった。

各政治派閥の腐敗の温床となった公共事業

中国政府が行った莫大な公共投資はむろん、腐敗の温床となった。従来より中国におけるすべての公共投資は分野別に各政治派閥が牛耳っている。

金融、通信、石油の巨大利権は江沢民《こうたくみん》を領袖とする上海閥が占めている。発電は李鵬《りほう》元首相のものだ。李鵬とは周恩来《しゅうおんらい》の養子である。胡錦濤《こきんとう》をトップに仰ぐ共青団はレアアース利権を持っている。

そして鉄道の利権は人民解放軍が握っている。たとえば、高速鉄道を敷けば土木建設、鉄鋼、機械関連の産業はみな潤い、人民解放軍の幹部には巨大な分け前が懐に入ってきたわけである。高速鉄道敷設をめぐり、数兆元の着服という桁違いの額の汚職で逮捕されたのが鉄道部長だった劉志軍《りゅうしぐん》だった。そうした汚職が各プロジェクトで当たり前のように横行しているので、予算から抜かれた金額で建設工事をせざるを得なくなった。鉄道部ではいわゆるオカラ工事が行われてきた結果、二〇一一年七月の温州市の高速鉄道追突事故が起きたといわれている。

ただしケインズ政策方程式でもある公共事業による積極的な景気刺激策を実施するには、それに見合う中国政府による資金拠出が不可欠である。その出所は当然ながら中国政府なのだが、その理由は、中国に進出した外国企業から、工業用地、商業施設などさまざまな土地使用権料（三〇～五〇年分）を一度に、しかも外貨ドルで獲得できたからであった。

これについては土地所有を認められないシステムが中国を助けたといえよう。外資系企業の進出ラッシュが続いた一九九五～二〇〇五年は、各地各階層の共産党幹部、彼らにつながる連中にとり、土地はまさしく打出の小槌となった。

中国政府は外資企業から獲得した外貨を根拠に人民元を大増刷でき、それがケインズ政策実行の元手となったわけである。

経済の大原則を忘れていた温家宝前首相

だが、中国は図に乗りすぎた。

二〇〇八年のリーマン・ショック後、世界同時不況になり、中国の輸出は大幅に落ち込んだ。先にも述べたように、国内消費の弱い中国は輸出と公共事業に頼ってきた。その一方の柱が傾いてきた。

中国政府が打った政策は、一つには財政出動。四兆元、日本円にして六八兆円という巨大な財政出動を行い、一気に公共事業投資を増やした。

もう一つの政策は、空前の金融緩和であった。要は、銀行からお金を大量に市場に回した。リーマン・ショック直後の一年間、中国の各銀行からの新規融資、貸出総額は実に九・六兆元に上った。この額は当時の中国のGDPの約三割という途方もないものだった。

この二つの政策は見事に奏功し、二〇〇九年には中国の経済は早くも回復を見せ、世界経済の「救世主」だと中国はもてはやされたのは記憶に新しい。

当時の経済運営を任されていたのは温家宝《おんかほう》首相で、彼もまた人民元札の輪転機をフル稼働させた。

だが、温家宝は経済の大原則を忘れていた。そうした財政出動や金融緩和には必ず副作用があるということを。無料の昼飯などないのだ。どこかで必ず反動が出る。

人民元をバンバン刷って市場に回すと、市場に流通するお金が溢れすぎる。通貨の量が正常な経済活動に必要なレベルを上回る状態。つまり、過剰流動性に陥った。しかも大幅な過剰流動性に。

二〇一三年末に中国国内で流通していた人民元は一〇九兆元にも上った。この一〇九兆元がどういうレベルかというと、一三年の中国のGDPが五二兆元だから、その二倍強となる。ドルに換算すれば、米国内で流通しているドル総額の一・五倍にもなった。

大幅な過剰流動性になると何が起きるのか。当然、国内では人民元の価値が下落する。逆に言えば、モノの価値が上がる。物価上昇、インフレとなる。その契機となったのがリーマン・ショック直後の政府の経済対策だったということになる。

二〇〇九年に中国でインフレが始まり、特に食料品の価格上昇が目立ってきた。中国政府としては、大衆が食べていけないほどの物価上昇だけは阻止しなければならない。だが、食用油は一年間で八倍、豚肉は七倍にも跳ね上がった。

大衆が一斉に食えなくなったら、社会的大混乱に陥り、かつての「黄巾の乱」のような事態になりかねない。そうなれば共産党政権が持たなくなる。

結果的に政府はこうしたインフレを退治するために金融を引き締めた。金融引き締めもまた、重大な副作用が伴う。

金融緩和とは逆に、銀行からお金を借りられなくなる。あるいは限定的にしか借りられなくなる。国有銀行は国有企業に優先的にお金を貸すので、この金融引き締めで犠牲になったのは当然民間の中小企業だった。

日本でも同じだが、中小企業は銀行からお金が回ってこなくなったら、まず倒産する。中国でも同様で、全国の中小企業は酷い目に遭わされ、二〇〇九年から「民退国進」という言葉が大流行し始めた。

二〇一〇年以降、この一、二年の急激な落ち込みではないにせよ、まず輸出額が減少に転じた。二〇〇八年に起きたリーマン・ショックの影響も大きかったが、最大の要因は中国の労働コストの上昇であった。賃金上昇率はここ一〇年間で四倍強にも及ぶ。各都市で定められている最低賃金もうなぎ登りで、二〇一五年の広東省深圳市の工場労働者の最低賃金は二〇三〇元であった。

ここまで労働コストが上がってしまえば、人海戦術で生き残りを図る海外メーカーは中国を脱出せざるを得ない。一時、日本のユニクロ製品の多くが中国製であったけれど、いまはバングラデシュ製が俄然増えてきたのはそのためである。

二〇一〇年当時の中国は胡錦濤主席、温家宝首相の体制であった。本来ならば、従来の低付加価値路線から高付加価値路線へのシフトをしなければならなかったが、多くの抵抗から構造改革で後手を踏んでしまった。

賃下げラッシュが始まった中国四大銀行

　これほどまでに製造業が沈没したからには、それと一蓮托生の関係にある金融業も当然、苦境に立たされるはめとなった。

　不良債権の増大・業績不振などが原因で、中国全体の資産の八割を集めているとされる中国工商銀行、中国農業銀行、中国建設銀行、中国銀行の四大国有銀行では賃下げラッシュが始まったという。五〇％程度の賃下げを断行した銀行もあるというから、金融業の苦しさも尋常ではない。

　こうしたなかで、いままでは中国経済の支柱の一つとして高度成長を支えてきた不動産開発業も大変な不況に陥っている。

　新築分譲マンションの販売不振や大幅値下げは二〇一四年初めから始まっていた。おしなべて不動産バブル崩壊の兆候を示していたことについて、筆者は二年前のこの時点から講演やレポートで幾度となく警鐘を鳴らしてきた。後で記すことになると思うが、不動産バブル崩壊がどれだけ怖ろしいものかを理解していない習近平政権は、ここにきて官製の不動産バブルを起こそうとしているのは愚かとしか言いようがない。

それはともかく、昨年上半期、中国全国の不動産開発用地の供給面積が、前年同期比で約三八％も激減したことは、不動産不況の深刻さをあらためて白日の下に晒した。莫大な在庫を抱える多くの開発業者が不動産をそれ以上抱えることをしなくなったので、開発用地の供給が大幅に減ったわけである。

また、昨年六月中旬から九月中旬まで、上海株が連続的な大暴落を経験した。要は、官製株バブルの破綻が起きて、時価総額四〇〇兆円が吹っ飛んでしまった。

以上のように、国民経済を支えてきた支柱の一つ一つが傾いたり、崩れかけたりするような無残な光景があちこちで見られているのである。中国経済は壮大なる崩壊へ向かっている最中である。

昨年の官製株バブルの破綻に続く今年の〝不動産官製バブル〟崩壊

中国政府公表の今年の第1四半期（1～3月期）の経済成長率は六・七％であった。二〇一五年の成長率より〇・二ポイント落ちて、七年ぶりの低水準となった。かねがね筆者が指摘しているように、昨年（二〇一五年）の中国政府公表の成長率自体が、〝水増し〟の結果であった。今年の第1四半期は、さらに低くなっているから、中国経済はかなり低迷していることが如実に分かる。

ところが、同じ今年第1四半期、経済低迷の最中に、「一線都市」と呼ばれる北京、上海、深圳などの大都会で不動産価格が未曽有の急騰を記録したという不可思議な現象が起きていた。

たとえば一月、北京、上海、深圳の三大都市の不動産平均価格は、前年同期比でそれぞれ一一・三％、二一・四％、五二・七％も上昇した。

二月も上昇が続いたが、三月になると、北京と上海の不動産価格の上昇率は前年同期比で、それぞれ一七・六％、三〇・五％と拡大し、深圳のそれは何と、六二・五％という驚異的な数字となった。

当然ながら三大都市の不動産価格暴騰は、全国的な波及効果を及ぼすこととなった。国家統計局が発表した三月の新築住宅価格指数は、主要七〇都市のうちの九割、六二都市で前月と比べて上昇した。

問題は、経済全体の成長率が低落し実体経済が沈没しているなかで、どうして不動産価格が急騰したのかである。その理由の一つは、昨年末以来、中央政府と各地方政府が実施した住宅ローンの頭金比率の引き下げや不動産取得税、営業税の減免措置など一連の不動産振興策にあったようだ。一部の地方政府に至っては、無一文でも不動産が買えるような無謀としか言いようのない「頭金ゼロ政策」まで打ち出した。

それでも不十分だと思ったのか、今年に入ってから中国政府はもう一つ、それこそ究極の不動産市場振興策を断行した。

野放図に紙幣を増刷し、湯水のように市場に放出するという伝統の「経済救急策」である。今年の第1四半期、中国の各銀行が放出した新規融資の総額は何と四・六一兆元（約七八兆円）にも及び、中国経済史上最高記録となった。その二一％に当たる約一兆元分の融資が個人の不動産購入への融資となって不動産市場に流れ込んだ。

その結果、各大都会の不動産価格が急騰し、往時を彷彿とさせる不動産市場の繁栄が再び蘇ったのである。もちろんそれは、実体経済の沈没を食い止めるために、あるいは単に実体経済の沈没を覆い隠すために、中国政府が行ったカンフル剤注射の結果にすぎない。いわば不動産市場の〝官製バブル〟そのものであった。

もちろんこれがバブルである以上、いずれ弾ける運命にある。

三月下旬になると、一線都市での不動産価格のあまりの暴騰ぶりに〝恐怖感〟を覚えた中国政府が一転して、住宅ローンの頭金比率の引き上げなどを中心とした抑制策を実施し始めた。

その結果、四月二四日までの一ヵ月間において、深圳の新規分譲住宅の成約件数は前月比で半減した。北京、上海でも数割減となったから、価格が再び下落に転じていくのはもはや時間の問題である。中国政府の手によって作り出された不動産官製バブルは同じ中国政府の手によって引導を渡される見通しだ。

問題は、最後の狂乱が収まった後、中国政府はいったいどうするのかだ。昨年の官製株バブルの破綻に続いて、今年の官製不動産バブルも弾ければ、習近平政権にもはや、中国経済を垂死から救い出す手は何も残されていないのではないか。

減り続ける中国の外貨準備高と増え続けるキャピタルフライト

先に、中国は現在も減ってきたとはいえ、世界一の外貨準備高を持っていると述べたが、それはあくまでも額面上のことである。二〇一四年には約四兆ドルと過去最高水準を記録したが、二〇一五年からは急落した元を買い支えるために外貨準備を大幅に取り崩したことで、本年五月には三・二兆ドルにまで減少している。

外貨準備高について中国が信用ならないのは、本来、外貨準備は政府と人民銀行（中央銀行）のみの保有額でカウントすべきを、各企業が国有銀行に決済用として預金している外貨も入れてしまっているからである。

しかも金融専門家の話では、中国の外貨準備高のうち米国債は三分の一程度でしかないという。このところ市場で中国が米国債を大規模に売却していることも、中国のドルを中心とした外貨不足を裏付けていよう。

中国が慢性的なドル不足に喘いでいるのは、政府当局の為替介入に一兆ドル近く投入してきたことも大きいが、もう一つ、中国から海外への違法送金、キャピタルフライトが加速していることも大きい。

昨年九月に上海株が暴落、天津での大爆発発生などの要因から、ただでさえ激しかったキャピタルフライトが暴力的に増加し、昨年一年で少なく見積もって一兆ドルにも及んだ。こちらのほうが金額としては大きいかもしれない。

少し前まではキャピタルフライトの主役は、中国人の裸官と呼ばれる政府高官であったけれど、ここ数年は中間層までもが地下銀行を使って、人民元からドル、もしくはドルにペッグ（釘付け）される香港ドルに換えて、海外に資産を逃避させているのが実相である。

中国政府としてはキャピタルフライトの阻止に躍起となって、地下銀行の摘発を進めてきたが、そこには現実問題としておのずと〝限界〟がある。

なぜなら、これまでの最大のキャピタルフライトは鄧小平一族が行ったと言われるように、共産党のチャイナセブンはじめ中央上層部も追及の対象となる可能性が高いからで、過度な追及はそれこそ〝自爆〟することになりかねない。

命綱としてきた土地譲渡金の急減が招く地方政府の財政破綻

「将来、一部の地方政府が事実上、財政破綻する可能性がある。今後、十分な警戒が必要だ」これは二〇一五年末、中国全国人民代表大会（全人代）常務委員会の陳竺《ちんじく》副委員長が会議の席で、地方政府の財政問題について語った言葉である。

各地方政府の深刻な財政難は、国内ではよく知られている。だが、全人代副委員長の立場にある人物が財政破綻にまで突っ込んで言及するのはただごとではなく、その衝撃は燎原の火のごとく全国に広がった。

陳竺副委員長が財政破綻の理由として挙げているのは、言わずと知れた各地方政府が抱える膨大な債務問題である。

同会議において、全人代常務委員で元経済官僚の姚勝《ようしょう》が披露した数字によると、現在、中国全国の地方政府が抱える債務の総額は約一六兆元（約二九〇兆円）で、二〇一五年度の地方財政収入の二倍以上に相当するという。この数字自体、先進国の基準ではそれほど深刻な数字でもないものの、中国の場合は地方政府の財政収入自体が実に危うい。

一九九四年、中国は中央政府の財政危機を救うために「分税制」を柱とする財政改革を行った。それ以来、国の税収の大半を占める増値税（消費税）などから得る財源のほとんどが中央政府に持っていかれるようになり、各地方政府は慢性的な財政難に陥っていった。

こうしたなかで、地方政府が財政収入の命綱としてきたのが「土地譲渡金」という税制外の収入だ。国有地の使用権を不動産開発業者に譲渡する代価として大金を手に入れ、それを財源に充ててきたわけである。

たとえば二〇一四年の場合、全国地方政府の財政総収入は七・六兆元であったが、その半分以上の四・三兆元が土地譲渡から得た収入であった。このような状況下、「土地財政」

という新造語も生まれたほどで、全国の地方政府の財政はもっぱら土地売買の上に立つ、ひどく脆弱なものとなった。

土地財政が成り立つ最大の前提は、不動産バブルが永遠に続くことにある。バブルが続いて国有地の譲渡金がいつまでも懐に入ってくれば、地方財政は何とかやり繰りできるが、この前提が一旦崩れれば一巻の終わりである。

ついに昨年から、地方政府にとっての悪夢が現実のものとなった。不動産市場の低迷で在庫が山積みとなり、開発業者は以前のように不動産を大量に〝供給〟しなくなった。その結果、各地方政府が頼りにしている土地譲渡収入も未曽有の激減となったのである。

実際、二〇一五年一月から一一月まで、全国地方政府の土地譲渡収入は前年同期比で約三〇％も減り、減収額は何と一兆元以上になった。

たとえば遼寧省の場合、以前は毎年二〇〇〇億元以上もあった土地譲渡収入が、いまでは三分の一程度の七〇〇億元程度に落ちた。山西省の場合も、土地財政の破綻によって、省内一一九の県と県級市政府の七割以上が財政難に直面しており、いくつかの県はすでに、公務員の給料すら支給できなくなった。

このような深刻な状況がこれからも続くのは確実である。

社会科学院が昨年一二月に発表した報告書によれば、全国で売れ残りの分譲住宅在庫（延べ床面積）が二一億平方メートルもある。これから五、六年間、いかにして在庫を減らすかが不動産開発業者にとっての至上課題であり、土地を大量に買って不動産を増やすなど、もってのほかなのだ。

こうなると、今後、各地方政府が財政破綻して負債を返せなくなるのは当然のことだろう。その結果、冒頭の全人代副委員長が憂慮する地方政府の財政破綻が起きるだけでなく、地方政府に融資を行ってきた国有銀行は莫大な不良債権を抱え込むことになる。さらにはシャドーバンキングも窮地に陥り、金融危機が誘発される可能性が高まるのは道理であろう。中国政府と中国経済全体の苦境はこれから始まるのである。

民間企業の海外投資急伸と国内投資激減の要因

本年七月下旬あたりから民間投資の急落が中国国内で大きな話題となっている。

一部経済紙は「民間投資、断崖絶壁からの急落」という切迫した表現を使っており、事態の深刻さが伝わってくる。

七月一八日の国家統計局発表によると、今年上半期において、全国の民間企業が行った固定資産投資の伸び率は前年同期比で二・八％であった。

二〇一五年のそれは一〇・一％だったから、単純に比較すると、伸び率は昨年の三分の一以下に落ちたことになる。

一二年まで民間企業による固定資産投資の伸び率は毎年平均二五％前後であった。いまや民間企業が競って投資を行い、生産拡大をはかるような「黄金時代」は往時の伝説でしかない。

今年上半期の「二・八％」の伸び率は一六年ぶりの低水準であり、上半期最後の六月の伸び率はマイナス成長の〇・〇一％減に転じた。これを見ても民間企業の投資意欲が急速に冷え込んでいることはよく分かる。

いまの中国で民間投資は全固定資産投資の六二％程度を占めており、民間企業が国内総生産（GDP）の六割以上を作り出している。民間企業の投資が激減したことと、民間企業が拡大再生産への意欲を失っていることは、中国経済にとっての致命的な打撃となろう。

問題は、民間企業がどうして投資しなくなったのかであろう。これに対し、著名な経済評論家の余豊慧《よほうけい》は「ゾンビ（死に体）企業」の存在を理由の一つに挙げている。

余氏によれば、いま、大型国有企業の多くが「ゾンビ化」している中で、政府は雇用維持の視点からどうしてもゾンビ企業の延命をはかりたい。そのために国有銀行に命じてゾンビ企業に莫大な融資を行い、無駄な「輸血」を続けているという。

しかし、その分、民間企業に回ってくる銀行融資が極端に少なくなって、民間企業は投資しようとしてもできない状態なのである。つまり、中国政府は失業の拡大を恐れ、国有企業優遇の金融政策を進めた結果、民間企業の投資が激減し、それが逆に、中国経済の低迷に拍車をかけていくという構図である。

その一方、多くの民間企業はたとえ資金があっても投資したくない事情もある。その理由について一部の専門家たちが語るのは中国語でいう「信心喪失」の問題だ。未来に対する展望や確信の喪失、という意味合いである。

招商銀行専属の経済学者、劉東亮《りゅうとうりょう》と中華工商時報副編集長の劉杉《りゅうさん》氏それぞれ、「民間企業の未来への信心の欠如」「企業家の信心喪失」を民間投資激減の理由に挙げている。

民間企業がなぜ「信心喪失」となったのかに関し、劉東亮氏が言及したのは「未来における政策の不確実性」であり、劉杉氏が挙げたのは「イデオロギーの変化への懸念」である。

中国独特の政治環境の中で両氏が許されるギリギリの表現で問題の所在を指摘しているのだが、端的に言えば、習近平政権が進めている「改革への逆行」と「毛沢東時代への回帰」の政治路線が民間企業の未来への展望を失わせ、彼らの投資意欲を殺してしまったということであろう。

その一方、民間企業は海外への投資拡大に積極的である。同じ今年の上半期、中国国内の投資者が行った海外への直接投資は八八八・六億ドル（約九兆円）にも達し、前年同期比では五八・七％増であった。

中国の民間企業は結局、習政権下の中国から一日も早く脱出し、資産と事業を海外へ持っていこうと躍起になっているのである。その行く末にあるのは、中国経済そのものの土台崩れであろう。

習近平政権がいまやっていることのすべては、中国という国を破滅の道へと導いているようである。

経済低迷を裏付ける百貨店やスーパーの閉店ラッシュ

九月六日、『北京商報』というビジネス専門紙は「二〇一六年、広がる百貨店の閉店ラッシュ」とする記事を掲載し、中国の百貨店を襲う「閉店ラッシュ」の実態を克明にリポートした。記事はまず、八月末に山東省青島市の大型百貨店、陽光百貨と全国展開の百貨大手である百盛集団の重慶市万象台店、さらには大連で有名な久光百貨が相次いで閉店したことを取り上げ、深刻な業績不振が閉店の原因であると分析している。

大連久光百貨の場合、今年上半期の売り上げが前年同期比で四八・八％も激減した。重慶市万象台店のオーナーである百盛集団全体の売上総額も前年同期比で一二％減となったという。その結果、百盛集団は万象台店だけでなく、今年に入ってから西安市の東大街店と重慶市の大坪店も閉店させることとなった。

記事によると、売り上げ急落・業績不振は、全国の百貨店業が直面する共通の問題となっている。たとえば全国展開する新華百貨は今年上半期の純利益が六九・二％も減り、杭州解百集団のそれは二〇・五％減となった。

こうした状況を踏まえて、北京商報記事は今後、全国における百貨店の「閉店ラッシュ」はさらに広がっていくだろうと予測している。

『中商情報網』というビジネス専門サイトも、今年上半期における中国小売業の「閉店ラッシュ」を取り上げたが、そのなかで、中国流のブラックジョークであろうか、「二〇一六年上半期、〝陣没（閉店）店舗〟最新リスト」まで作成して掲載した。

経済の低迷は人々の消費意欲と購買力を低減させ、結果的に小売業の業績不振と閉店ラッシュを招いたが、閉店ラッシュの広がりは失業の拡大や収入の低減につながる。悪循環はすでに始まっているのである。

九月五日、中国社会科学院財経戦略研究院は「流通青書・中国商業発展報告（二〇一六～一七）」を発表したが、そのなかで、今後五年以内に、中国全国の「商品交易市場」、つまり百貨店やスーパーやショッピングセンターなどは、約三分の一が淘汰されていくと予測している。小売業の暗澹たる未来ひとつを取ってみても、中国経済は今後ますます、大不況のどん底に陥っていくことがわかる。

「陣没」に追い込まれた大型百貨店のなかには、摩爾百貨の成都店、友誼商店の南寧店、南京八百半の南京店、世紀金花の銀川店などがあり、まさに「死屍累々」の惨状である。

「閉店ラッシュ」に襲われたのは百貨店だけではない。スーパーマーケットも同じである。中国最大の検索サイトである「百度」は、「百度百科・閉店ラッシュ」の項目を設けているが、それによると、スーパー業の場合、華潤万家という全国チェーンが今年に入ってから七二七店舗を閉店させ、「閉店ラッシュ」の最高記録を更新したという。有名な仏カルフール・グループも中国全土で一八店舗を閉店し、人人楽というスーパー大手も一一店舗を閉めた。

上述の「百度百科・閉店ラッシュ」によると、中国小売業の閉店ラッシュは昨年からすでに始まっていた。二〇一五年の一年間、全国の小売業界で約八六五店舗も閉店の憂き目にあったが、今年に入ってから、この勢いはさらに増しているという。

閉店ラッシュ来襲の理由について、一部のメディアや専門家は、近年盛んになったネット販売や通販との市場競争の激化を挙げているが、前述の北京商報や「百度百科」の分析では、それは一つの原因であっても、一番の原因ではない。

最大の原因はやはり、特に昨年から顕著となった中国経済そのものの低迷である。筆者も同感である。

現代版お見合いパーティーに見る社会の風潮

筆者の出身地、四川省成都市でこんな出来事があった。一人の中年男が、街の一角に布団や食器や衣類などの簡素な生活用品を「自分の全財産」と称して展示し、通りがかりの女性たちに対して結婚相手の募集を行ったのである。

男は自称三八歳、月収は六〇〇〇元（約一〇万円）、両親に迫られてこのような行動に出たという。求める相手は三〇歳から四〇歳までの普通の女性。字が読めて一〇〇以内の足し算・引き算ができ、洗濯と料理をしてくれる人であれば十分だと本人がいう。募集要項自体はつつましいが、行動はけっこう大胆であろう。衆人環視のなかで「一人劇団」の婚活を堂々と行ったところに、日本流のつつましさや恥ずかしさとは無縁の現代中国人の気質があるのである。

大胆さに関していえば女性も同じだ。今年の春節前、河北省平泉県の街の数ヵ所で「結婚相手募集」の広告看板が立てられた。縦約二メートル、横幅は四メートル以上もある巨大看板には、一人の女性の全身写真が等身大以上に印刷されており、被写体本人の結婚相手を募集しているのである。

さすがの中国においても、それは地元のニュースとして注目され、ネットを通じて全国的にも拡散された。看板広告の効果は絶大なものである。すべての中国人女性がそんなことをできるわけでもないが、何はばかることなくそれほど大胆な広告を堂々と出せるところは、今時の中国人ならではのことであろう。

一般人の婚活でもそれほど派手なものだから、金持ちの嫁探しとなると、そのやり方はまた、日本人の度肝を抜くものとなる。

今年一月、中国企業家独身者倶楽部は広州市内の五つ星の花園酒店（ガーデンホテル）で「お見合いパーティー」を催した。男性参加者の「企業家独身者」は一一人、個人資産は平均して三・六億元（約六三億円）を有する富豪ばかりである。パーティー参加のために、彼らは一人、九九九九九元（約一七五万円）の代金を支払っているという。

この一一人の富豪の婚活のために、全国から三二〇人の美女が嫁候補応募者として集まった。女性全員は全国各地での予選を勝ち抜いて意気揚々と乗り込んできたわけだが、ここで彼女たちを待っていたのは、さらに厳しい審査であった。

まずは広州某整形病院の副院長が女性たちの美貌を念入りにチェックして、それが整形を施したものなのかどうかを鑑定した。

次には性格測定の専門家が女性たちと雑談をし、相手がどういう性格の持ち主であるかを判断した。

最後に登場したのは人相占い師、目の前の女性が未来の旦那に「福」をもたらすような人相であるかどうかを吟味したのであった。全体の審査において、この判断こそがもっとも重要視されているらしい。

以上の何重もの難関を突破して女性たちはようやく富豪たちの目に触れるパーティーに参加できるのだ。今回の場合、最後に残った女性は六〇数人であったが、彼女たちのいったい何人が、念願の富豪夫人になれたのだろうか。

上述のような審査プロセスを記事で読んだとき、偉大なる中国人民の創意工夫とこまめさに感心しながらも、このような創意工夫と真面目さをモノづくりに注げば、中国製商品の評判がもうちょっと良くなるのにと思った。

その一方、富豪夫人になりたい一心で自分自身をまるで商品のサンプルであるかのように差し出し、〝品定め〟に応じる女性たちの行動と、その背後にある中国社会の風潮を思えば、やはり寂しい気持ちになるのである。

第6章

果てしなき権力闘争

同じ穴のムジナと化した太子党と上海閥

まとめに入る前に、いま一度、中華人民共和国における政治派閥の構造について言及しておきたい。

中国の「太子党」とは何か？　大づかみに言えば、中国共産党幹部・元老の血筋を引く人たちのことである。太子党に属していればなにかと優遇され、よほどの間抜けでないかぎり手掛けるビジネスはうまくゆき、地位も名誉も手に入れることができる。とにかく太子党とは中国における「特権階級」といえる。

中共建国時からの元老の一人で、元副首相の習仲勲《しゅうちゅうくん》を父に持つ習近平国家主席も、当然ながら太子党の一員だ。

ただし太子党が幅を利かせるのは中国に限らない。

十数年来の知己である日本の大手新聞のベテラン記者は、「いまの東アジアは太子党の天下だ」と話していた。そういえば、韓国の朴槿恵《パククネ》大統領、北朝鮮の金正恩《キムジョンウン》第一書記はそろって世襲宰相だから、中国流に言えば太子党となる。

そうした良血ゆえに甘い汁を吸い続けられる太子党と権力闘争を繰り広げているのが中国共産主義青年団（共青団）である。

共青団とは、中国共産党による指導のもと一四歳から二八歳の若手エリート団員を擁する青年組織。団員数は九〇〇〇万人。家柄やコネなど関係のない有能な官僚の叩き上げのエリート集団で、前総書記の胡錦濤《こきんとう》がその頂点に立つ。

文化大革命のどさくさに紛れて名門大学にコネ入学した人たちの多い太子党とは違い、共青団には文革後再受験して難関を突破してきたエリートたちが揃っている。その代表格が北京大学法学部に受験し直して入学し、ナンバー2の成績で卒業した、現在の首相の李《り》克強《こっきょう》である。

父習仲勲の復権に伴い、特別推薦で名門清華大学の化学工程部に入学した習近平とはえらい違いだ。さらに習近平は福建省長時代に清華大学のドクターコースを、これまたコネを使って取得したと言われている。

かねてより共青団のメンバーは、自分たちが太子党という特権階級のネットワークを崩さなければいつまでもチャンスはめぐって来ないと考えている。この危機感が太子党と共青団の対立の根本として横たわっている。

知ってのとおり、共産党のレーゾンデートルとはもはや平等を掲げる共産主義ではなく、共産党一党独裁を維持していくことにある。一党独裁のなかの太子党と共青団の対立とは高邁な思想とはほど遠い、共産党内の利権をめぐる争いにほかならない。

そして、中国にはもうひとつの巨大派閥が存在する。胡錦濤の前の総書記だった江沢民《こうたくみん》が長らく領袖をつとめている「上海閥」（江沢民派）だ。

上海閥はもともとは共青団と同じく官僚出身のグループで、汚職の限りを尽くした元上海市長・陳良宇《ちんりょうう》のようなきわめつけのワルもいたが、上海をあれだけの経済発展に導いたのは上海閥の功績と言っても過言ではなかろう。

それではなぜ共青団とキャラクターの近い上海閥が太子党に接近したのか。

上海閥が肥大化する過程でさまざまな利権を得てしまい、それを血族に継承しなければならなくなったからである。つまり、上海閥は太子党と同じ穴のムジナと化してしまったのだった。

政治局常務委員に四名を送り込むことに成功した上海閥

だが、上海閥と太子党の蜜月関係はそう長くは続かなかった。第1章で記したように、令計画《れいけいかく》のスキャンダルを巡って権力闘争の主導権を握った上海閥が、二〇一二年一一月の党大会において最高指導部・政治局常務委員（チャイナセブン）に過半の四名を送り込むことに成功したからだ。

中国共産党の仕組みは以下のとおりである。

共産党員八八〇〇万名→党代表二五〇〇名→中央委員二〇〇名→政治局委員二五名→政治局常務委員七名というピラミッドで構成されている。

ピラミッドの頂にある最高指導部・政治局常務委員の数は九名であったり、七名であったりするが、とにかく奇数。なぜなら中国における重要な政策はすべてこの政治局常務委員の〝多数決〟で決定されるからである。

なぜ中国はこのような集団指導体制を敷いているのか。

これは初代最高指導者の毛沢東《もうたくとう》が大躍進や文化大革命を推進して、人民に塗炭の苦しみを与えたという反省からで、二度とそういう狂気が再現されないよう一九八二年に、中共第二世代の長老であった鄧小平《とうしょうへい》、陳雲《ちんうん》が話し合って導入されたとされる。

同時に、あまりに激しい水面下の権力闘争をなくすために、政治局常務委員に上り詰めたチャイナセブン、あるいはナインの犯罪は過去に遡って糾弾されないという暗黙の了解、紳士協定のようなものも結ばれ、中共第三世代の江沢民時代、第四世代の胡錦濤時代は遵守されてきた。

さらに鄧小平が外交政策の要諦としてきた「韜光養晦《とうこうようかい》」(能あるタカは爪を隠す。力をつけるまでは余計な強がりはするな)の維持を鄧小平は次の最高指導者に託した。これについても、江沢民、胡錦濤は遵守してきた。

当然ながら最高指導部内においては、政治局常務委員の出身母体によるパワーバランスが存在する。

規律検査委員会の権力をフル活用し始めた習・王ライン

習近平は同年夏の北戴河《ほくたいが》会議の際に江沢民派の力添えを得て、晴れて国家主席の座に就いたとはいえ、結局、太子党出身で自分の味方となったのは政治局常務委員序列第六位の王岐山《おうきざん》のみ。習近平指導部において江沢民派が多数決の議決権を持つという〝ねじれ〟現象が起きてしまった。

このままでは老獪で狡猾な江沢民の院政になりかねない。地団太を踏んだ習近平は、政治局常務委員会とは別枠の権力から、自分の勢力の巻き返しを試みることを決意した。

二〇一二年一一月に習近平は共産党総書記に就任すると同時に、盟友で同じ太子党幹部の王岐山を、腐敗摘発の専門機関である共産党中央規律検査委員会のトップ（主任）に据えた。

そして二〇一三年三月、国家主席の座にも就き、名実共に中国の最高指導者となってから、習近平は王岐山と強力なタッグを組んだ。習・王ラインは「反腐敗」をスローガンに掲げ、無制限に捜査権を与えられた規律検査委員会の権力をフル活用し始めた。

腐敗摘発のターゲットは、表向きには党・政府・人民解放軍の幹部、特に高級幹部たちであったが、実際には〝数的劣勢〟に追いやられた習近平が仕掛けた権力闘争にほかならなかった。

こうして習近平はあくまでも自分のための、太子党のための、過去例のない苛烈なる反腐敗運動に打って出た。

喫緊のターゲットはすでにチャイナナインから定年引退した周永康《しゅうえいこう》とその周辺だった。周永康は江沢民派の大番頭で鳴らしてきた石油利権のドンであり、公安部門でも相当な力を備えていた。

周がファーストターゲットとなった理由はいくつか考えられる。まずは周自身、習近平の暗殺計画、クーデター計画を企てた中心人物であったことだ。詳らかにはされていないものの、習近平が総書記就任直前に二週間も行方不明になったこと、また、習近平の新疆視察中にウルムチで発生した大爆発などは周永康の指図、あるいは周の意を汲んだ側近の国家安全部副部長・馬建《まけん》によるものと言われていた。

そして、まずは現役の江沢民派の幹部たちよりも、引退した連中のほうが摘発しやすかったこともあったろう。ただしそうであったにせよ、周永康はれっきとした政治局常務委員の経験者（序列九位）であった。周を早期処分、摘発することは過去に例のないことであることから、政治局常務委員会にいる江沢民派幹部たちに脅しをかけることもできる。

しかも、他派閥の幹部に対しても無言の圧力をかけることができるからだった。先に書いたとおり、共産党の幹部で腐敗に染まっていない者など一人もいない。仮に存在するならば、言葉は悪いがその御仁は狂人扱いされるに違いない。そこまで共産党は堕落した。ルール上、裁判所の上に共産党が位置するので、裁判官もみな腐敗してグルになっているのが実相である。

ライバルを潰すための最大の武器となった腐敗摘発

習近平の反腐敗運動について、いま一つ掘り下げて考察してみよう。

彼がなぜそこまでするのかについては、一つは、先に述べたように、彼の政権が江沢民派に牛耳られてしまうかもしれないとする危機感によるものである。反腐敗運動をテコに江沢民派の力を削ぎ、党内での権力掌握を確実なものにするという思惑があった。

もう一つは、反腐敗運動の先頭に立つことは、民心を集め、自らの求心力を高めることにつながるからである。

これはいまは獄中の身である、重慶市時代の薄熙来《はくきらい》の行動を参考にしているのではないだろうか。薄熙来は重慶市の党幹部と地元黒社会の癒着にメスを入れ、短期間のうちにそれらの勢力を一掃し、庶民から喝采を浴びた。

胡錦濤とのパーシャル連合で自分に対するクーデターを企てた薄熙来を葬り去ったけれど、習近平はある意味では薄熙来に共鳴する部分が多かったのではなかろうか。

先にも触れたが、習近平の反腐敗運動とは、腐敗摘発を武器にした政治闘争という側面がきわめて強い。党中央規律検査委員会という秘密警察を使い、おのれの政敵を倒す。その意味において彼の反腐敗運動は権力闘争の一環にすぎない。

ただし、腐敗摘発により政敵を抹殺する手法は習近平による発明ではない。これを始めたのは実は江沢民政権時代に遡る。

当時の北京市長は陳希同《ちんきどう》。鄧小平に重用され中央政界入りする前の江沢民の立場は上海市党委書記だった。天安門事件後に総書記となった江沢民に対し、陳希同はことごとく楯突き、首都北京における総書記と市長の権力闘争が勃発した。そこで江沢民が用いたのが腐敗摘発による陳希同の抹殺であった。

毛沢東時代も政治闘争に明け暮れていたわけだが、それはイデオロギーの闘いであった。しかし、鄧小平時代になってからはイデオロギーによる論争は消滅し、腐敗摘発がライバルを潰すための最大の〝武器〟となった。習近平が行ったのもまさにそれであった。

江沢民や胡錦濤は正当なる継承者ではなかった

習・王ラインのメインターゲットは政治局常務委員と政治局委員だが、反腐敗運動の対象範囲は国有企業幹部、地方政府の中堅幹部まで広げられた。閣僚級、局長級も含まれるが、これぞ反腐敗運動が権力闘争の手段であるという証左は、習近平と同根の太子党出身者が一人もいないことでもわかる。

知ってのとおり、習近平は若い頃から中華人民共和国を樹立した毛沢東に心酔していた。一九七〇年代半ばまで中国国内で絶対的なカリスマであった毛沢東を礼賛し、毛沢東を真似ることで、自らの存在感を示そうとしたとしてもなんら不思議はなかった。

たとえば習近平のスローガンである「中華民族の偉大なる復興という中国の夢の実現」は中華思想にとらわれていた毛沢東の焼き直しであるし、反腐敗運動で政敵を次々と葬っていく手口は毛沢東そのものであった。

習近平が行ってきたキャンペーンはこの「反腐敗運動」と「反贅沢運動」と「反官僚主義運動」と「反日運動」の四つだが、反日を除く三つは毛沢東が建国直後の一九五一年に提唱した「三反運動」とまったく同じものなのだ。対外政策も毛沢東を意識した「遠交近攻」であるし、好んで乗る車も、毛沢東が命じて造らせた国産車「紅旗」なのだ。

なぜそこまで習近平は毛沢東にこだわるのか。

その答えは彼の出自である太子党に収斂する。

習近平のみならず太子党の面々は、中国共産党政権はわれわれのものである。われわれはこの政権のオーナーなのだという独特の「オーナー意識」を持っている。

太子党である彼らの父親の世代が開国の父だった毛沢東と共に戦い、現在の中華人民共和国を建国したからだ。

習近平を領袖とする太子党の面々は、「われわれこそがこの国の正当なる継承者であり、政権を受け継ぐ当然の権利と使命があるのだ」と骨の髄から思い込んでいるわけである。

習近平たちにすれば、上海閥・江沢民派にしても共青団にしても、それらの人たちは単なる政権の雇われ経営者であり、天下のオーナーである自分たちにとっての「使用人」にすぎない。たとえば、前の最高指導者・胡錦濤は逆立ちしてもオーナーにはなれない。

そういう意味では太子党にとり、毛沢東は自分たちの血統と立場を〝保証〟してくれる絶対的な存在なのであった。まずそれが一つ。

もう一つには、太子党にしてみれば、もうそろそろ共産党のなかで毛沢東の権威を取り戻したいということであった。毛沢東の権威を取り戻すことで、共産党政権の一貫性を主張できると太子党の面々は信じていた。

使用人であるはずの連中がこれから本気で天下を取ろうとするのであれば、自分たち太子党こそが身を挺してそれを阻止しなければならない。太子党の天下を取り戻して、革命の血を受け継いだ自分たちの継承権を確立しなければならない。これが習近平の偽らざる本音であったと思う。

いまだ天安門広場には毛沢東の肖像が飾られる

そうした意味では、同じく太子党出身で、毛沢東主義を掲げて重慶市民の心を摑んだ薄熙来は習近平と同じ発想の持ち主であったはずだ。ただ、太子党のなかに二人の毛沢東主義を掲げるリーダーは要らない。習近平は薄熙来を失脚させる必要に迫られた。

だからこそ、本来ならライバルでもある共青団の胡錦濤とパーシャル連合し、薄熙来を潰した。

改革開放に取り残された庶民の支持を取りつけるための毛沢東主義

鄧小平時代は改革開放を進めるために止むを得ず、毛沢東の一部の考え方を否定した。しかし習近平にすれば、いまはもうその必要はない。むしろ毛沢東時代と現政権のつながりを強調することにより、現政権の連続性と正統性を声高に〝主張〟できるからである。太子党同士の頂上決戦に敗れた格好の薄熙来だったが、彼も毛沢東主義を掲げることの強みをよく理解していたのではないか。

いまから三、四年前、地方の民間、民衆レベルで毛沢東の熱烈な支持者が凄まじい勢いで広がった。それにはこういう背景が横たわっていた。

鄧小平の改革開放政策がもたらした最大の負の遺産とは、「貧富の格差」であり、富のおこぼれさえ与れない労働者たちからすれば、昔の毛沢東時代のほうがましであったとする空気が地方を中心に蔓延した。

毛沢東時代にはさすがは共産主義の国だと実感するようなことがあちこちで見られた。たとえば、各工場には毎年政府経由で技術員として就職してくる大卒の技術員がいたけれど、技術員よりも現場の労働者のほうが立場も給料も高かった。筆者自身、毛沢東時代の末期に中国で暮らしており、この目でそうした実態を見ていた。

あるいは多くの庶民たちは、毛沢東時代はたしかに生活が苦しかったし、生きていくのに大変だった。しかし彼らにしてみれば、毛沢東時代は平等であった。みな同じように苦しくて貧乏だったからだ。

人間の心理とは面白いもので、みな一斉に貧乏ならばあまり気にならない。ところが鄧小平時代からは、自分は相変わらず貧乏しているが、昔隣りに住んでいた冴えない男が、いまは大企業の経営者になって豪邸に住み、ドイツ製の高級車を何台も持っている。

改革開放に取り残された人たちにすれば、そんな世の中はけしからんということになる。それで、鄧小平時代の〝アンチテーゼ〟として、毛沢東を熱烈に崇拝する勢力が急拡大したのであった。

習近平にしても、おそらく毛沢東を真似ることで、そういう人たちの支持をとりつけるという思惑はあったはずだ。

習近平がインターネットを目の敵にする最大の理由

当然ながら習近平は、経済を毛沢東時代に戻すつもりは毛頭ない。習近平はなぜ政治的に毛沢東の真似をしたのか？

毛沢東は「愚民」政策が好きだった。近代性、合理性は共産党のエリートたちが考えて追求していくべきものであって、庶民たちはただひたすら政治指導者を崇拝して、自分たちの旗印の下で団結すればいい。そう考えていた。

習近平もこう考えたはずである。これは単なる独裁を目指すものではなく、「合理的独裁」を目指すものであると。

経済発展のためには合理性を導入する。しかし、共産党の独裁政治を維持するためには、庶民たちのまさしく非合理的なところを利用するわけである。

中国共産党の指導者たちは毎日、「人民」という言葉を口にしている。しかし、第一世代の毛沢東から第五世代の習近平まで歴代指導者は徹底的に人民を馬鹿にした。

要するに、中国の指導者たちは、人民を合理的判断力のないように仕向けて統治しなければならなかった。そのほうが都合がいいからで、習近平が行ってきたのもそうであった。それは習近平がインターネットを目の敵にすることに通ずる。

この一〇数年間、ネット世論は市井の人々が物事を合理的に考えるようになったことを教えてくれる。共産党政府のその対応はおかしいではないか、その政策は矛盾しているのではないかと。

習近平にしてみれば、そうした世論はすべて余計なものだ。政策はわれわれが決める。それはエリート集団が合理的に決めなければならない。しかし、決めた以上、お前たち庶民はそれに従えばいいのであり、国の政策について議論するなどとんでもない。

これが習近平の愚民政策である。

蘇る毛沢東の個人独裁と恐怖政治の亡霊

二〇一五年一月一三日、習近平は党の規律検査委員会で「重要講話」を行った。そのなかで党内における政治ルールの重要性を強調し、全党員に対しルールの厳守を呼びかけた。続いて一九日、人民日報は論評で、習主席の言う「政治ルール」の解説を行った。

論評は冒頭から、故人である共産党古参幹部の黄克誠《こうこくせい》氏の話を取り上げた。黄氏は生前、抗日戦争時代に中国共産党が延安に本部を置いたときのことを次のように回顧したという。「当時、毛沢東主席は電報機の一台で全党全軍の指揮をとっていた。電報機の信号はすなわち毛主席と党中央の命令であり、全党全軍は無条件にそれに従った。疑う人は誰もいない。皆はただ、延安からの電信に従って行動するだけでした」

論評は黄氏の回顧を紹介した上、「これこそはわが党の良い伝統である」と絶賛した。そして、「習総書記の語る政治ルールとは、まさに党の伝統から生まれたこのようなルールである」と結論づけたのである。

つまり共産党中央委員会機関紙の人民日報は明確に、いまの中国共産党の党員幹部に対し、かつて毛沢東の命令に無条件に従ったのと同じように、習総書記に対しても無条件に従うことを要求したのだ。習総書記自身が持ち出した「政治ルール」という言葉の真意は、結局そういうものであった。

三〇数年前、中国共産党は鄧小平の主導下で、毛沢東の個人独裁に対する反省から改革・開放の道を歩み始めた。それ以来、共産党は一党独裁を堅持しながらも党内における集団的指導体制の構築に力を入れてきた。

しかしいま、共産党の新しい指導者となった習近平は明らかに、鄧小平以来の集団的指導体制の伝統を破って、自分自身の絶対的な政治権威の樹立と毛沢東流の個人独裁の復活を図ろうとしている。

毛沢東流政治の復活を思わせるもう一つの重大発言があった。同二〇日、共産党政法（公安・司法）工作会議が北京で開かれたとき、習近平は「刀把子（刀のつか）」という恐ろしい言葉を持ち出して、国の「刀把子」は党がきちんと握っておくべきだと強調した。

中国語の「刀把子」は直訳すれば「刀のつか」「刃物の柄」のことだが、公安・司法関連の会議で語られたこの言葉の意味は当然、「人の命を奪う権力・権限」を指している。

本来なら、司法が法律に基づいて犯罪者の命を奪うような権限を、共産党の握る「刀把子」と例えるのはいかにも前近代的な恐ろしい発想であるが、実はそれも毛沢東の発明であった。

毛沢東は生前、まさにこの「刀把子」をしっかりと握って数百万人の国民の命を奪った。刀把子という言葉は、毛沢東時代の〝恐怖政治〟の代名詞でもあった。

鄧小平の時代以来、共産党が「法治国家の建設」を唱え始めると、刀把子という言葉は完全に消え去り、江沢民政権や胡錦濤政権下ではまったくの死語となった。

しかし、習近平はこの言葉を再び持ち出した。人の命を奪うような恐ろしい権力を、共産党という一政党によって握っておくべきだと公言してはばからなかった。もちろんその際、彼自身が毛沢東と同様、共産党の最高指導者として刀把子を自由に使える立場になるのである。

このようにして、習近平は自分自身に対する無条件な服従を「全党全軍」に求める一方、国民の命を恣意的に奪う権限をも手に入れたいのであろう。毛沢東が死去してから四〇年、中国人民に多大な災いをもたらした個人独裁と恐怖政治の亡霊は再び、中国の大地で蘇ろうとしている。共産党内の改革派や開明派の反応は未知数だが、このままでは、この国の未来は真っ暗である。

習・王ラインにより葬り去られた江沢民派軍幹部

習・王ラインによる腐敗の摘発は前代未聞の猛威を振るった。周永康の失脚にはすでに紙幅を費やしたので割愛するが、二〇一四年半ばには軍内の大物幹部である前中央軍事委員会副主席（元上将）徐才厚《じょさいこう》の党籍剝奪が発表された。

徐才厚は一九九九年に党の軍事委員会委員と軍の総政治部常務副主任に任命され、一躍脚光を浴びた人物。この人事を断行したのが当時の軍事委員会主席で国家主席の江沢民であった。

二〇〇二年一一月に開かれた第一六回党大会で、党総書記を退任することになった江沢民であったが、党中央軍事委員会主席の座には一年半近くしがみついていた。そのときに江沢民は、徐才厚を軍の人事権を掌握する総政治部主任に昇進させている。この人事により胡錦濤に党中央軍事委員会主席の座を譲った後も、江沢民は徐才厚の背後から軍に対する影響力を維持することができた。要は、徐才厚は江沢民の傀儡であり、ロボットのような存在であった。

江沢民派のもう一人の軍事委員会前副主席・郭伯雄《かくはくゆう》も、政治生命を絶たれた。徐才厚が総政治部主任に昇進した二〇〇二年一一月、軍事委員会のヒラ委員だった郭伯雄は江沢民によりいきなり軍事委員会副主席に大抜擢された。

徐才厚と郭伯雄の二人は江沢民の操り人形としての役目を担い、揃って二〇一二年一一月の第一八回党大会で退任した。

そしてまもなく二人は収賄罪などで周永康に次ぐターゲットとなり、習・王ラインに葬り去られた。軍事法廷への起訴準備が進んでいた徐才厚は昨年七一歳で死去した。

習・王ラインにより摘発された人物のリストにはある特徴が見られた。それは習主席や王岐山と同じ太子党の幹部、つまりその父親が毛沢東・鄧小平と同じ「革命第一世代」に属するグループの幹部たちは一人も摘発の対象になっていないことであった。

北京では習近平が最高指導者に就任した二〇一二年末から昨年末まで三〇〇〇人以上が反腐敗運動で逮捕されているが、その特徴も同様であった。

習近平の腐敗摘発のターゲットは、表向きには党・政府・人民解放軍の幹部、特に高級幹部たちであったが、これは実際には劣勢に追いやられた習近平による権力闘争にほかならなかった。

習近平の腐敗撲滅運動は、おのれの政敵を倒すための権力闘争の一環にすぎない。習政権がいくらそのことを糊塗しようが、おおかたの中国国民はそれを諦観しているのである。

胡錦濤の影響力を払拭するために再編された人民解放軍

以下は本年二月二日の産経新聞の記事である。これを書いた矢板記者は中国配属一〇年目となる敏腕ジャーナリストで、習近平に関する著作『習近平――共産中国最弱の帝王』（文藝春秋）でも知られる。

【北京＝矢板明夫】中国国営中央テレビ（ＣＣＴＶ）によると、中国人民解放軍戦区成立大会が一日、北京で行われ、習近平国家主席（中央軍事委員会主席兼務）が新しく発足した東部、西部、南部、北部、中部の五つの戦区の司令官と政治委員に軍旗を授与した。習主席は「各戦区には平和を維持し、戦争に勝つ使命がある」と訓示した。

中国人民解放軍はこれまで、北京、瀋陽、蘭州、済南、成都、南京、広州の七つの軍区があった。習指導部による軍改革の一環で五つに統合され、名称も軍区から戦区に変更された。反腐敗キャンペーンで昨年までに胡錦濤時代を支えた郭伯雄、徐才厚の両制服組トップが失脚したため、習指導部は軍内の組織再編を通じて軍の掌握を進めたい思惑があるといわれる。

軍関係者によると、新しく成立した東部戦区（本部南京）は日本や台湾方面の有事を備え、南部戦区（本部広州）は南シナ海やシーレーンの安全を守ることが主な戦力目標。北部戦区（本部瀋陽）は主にロシアと北朝鮮方面で軍事衝突などが起きることを想定しており、西部戦区（本部蘭州）中央アジアなどのイスラム過激派のテロ活動などに備える。中央部戦区（本部北京）は首都周辺の安全を守るためにあるという。

この日発表された戦区の区分けと本部所在地は昨年まで伝えられたものはかなり違っており、区分けの際に軍現場で激しい主導権争いがあった可能性もある。

以上のように、習指導部による人民解放軍の改革・再編が行われた。従来の四総部体制を解き、軍の最高機関である中央軍事委員会に一五部門を設ける新体制を発足したと、二月一日、中国国営中央テレビ（CCTV）が伝えた。

再編前の四総部体制とは、中央軍事委員会の下で、総参謀部（作戦・指揮担当）、総政治部（政治思想教育担当）、総後勤部（物資補給担当）、総装備部（装備調達担当）が設けられ、それぞれの分野の軍務を担当するものだった。その中で、とりわけ総参謀部は作戦の計画作りや実行、諜報など重要な仕事を担当する軍の要であった。

今回の再編のポイントは、いままで相対的に独立した機関として機能してきた上述の四総部を、中央軍事委員会直属の一部門として統合する一方、四総部の持つ本来の機能を分散させ、軍事委員会の中の一五部門として再編したことにある。

日本の会社の体制に例えれば、本社の下の四つの子会社が本社の一部署として吸収された上で一五の部署に〝分割〟されたことになる。

この再編の意味は四総部の力を弱め、それを中央軍事委員会の直接指揮下に置くことにあるが、習近平主席がこのような改革を断行した裏側には、実はもう一つの狙いが隠されているのだ。

今回の再編劇で習主席が〝狙い撃ち〟にしたのは、解放軍総参謀長の房峰輝《ぼうほうき》であった。房総参謀長はもともと広州軍区の参謀長を務めていた人物。二〇〇五年に当時の胡錦濤軍事委員会主席（前国家主席）が多くの軍人の階級昇進を実行したとき、彼は少将から中将へ昇進を果たした。

その後、胡主席に近い軍人の一人として出世を重ね、〇七年には重要な北京軍区の司令官に就任。さらに〇九年、中国が建国五〇周年を記念して盛大な閲兵式を執り行ったとき、「閲兵指揮官」として胡主席のそばに立ったのは房峰輝であった。それ以来、彼は数少ない「胡錦濤子飼いの軍人」として認知されるようになった。

そして一二年一〇月、胡主席は、軍の総参謀長に房峰輝を任命。同年一一月には胡主席はさらに軍人二人を党の中央軍事委員会副主席に任命した。

胡主席が行ったこの軍人事は異例であった。なぜなら彼は同月中に開催される党大会で引退する予定だったからである。本来なら、軍事委員会の新しい副主席や総参謀長任命の人事は、党大会後に誕生する新しい総書記・軍事委員会主席（すなわち習近平）の手で行われるべきだが、胡主席はそうさせなかった。

自分の引退が決まる党大会開催の直前に、彼は大急ぎで次期中央軍事委員会の主要メンバーを決め、軍の心臓部門となる総参謀部を自分の腹心で固めた。それによって、ポスト胡錦濤における胡錦濤派の軍掌握は完成された。

現在の習主席にとって、軍の中枢部におけるこのような胡錦濤人事は邪魔以外の何ものでもない。いずれそれを潰さなければならないと思っていたはずだ。しかし房峰輝などの首を切ることで決着をつけようとすると、胡錦濤派との全面戦争は避けられないし、必ずしも習主席に勝ち目があるわけでもない。

そこで習主席の取った方法が、軍改革の大義名分の下、総参謀長の房峰輝の首を切らずに、総参謀部そのものの力をそいで軍事委員会の直接指揮下におくことであった。これでは胡錦濤派も反対できない。

これで軍内の胡錦濤人事が骨抜きにされるという計算であろうが、今後の展開は習主席の思惑通りになるとはかぎらない。再編が実現したとしても、胡錦濤派の軍人たちは依然、健在だからである。

軍内における習主席と胡錦濤派との権力闘争がますます激しくなってくると筆者は見ている。

政治の相克が顕わになる季節がやってくる

本書ではここまで、習近平政権の生い立ちから現在に至るまでの共産党内のパワーバランスの経緯、習主席の誤った歴史観、外交政策、未熟な経済運営を分析してきた。

だが、中国という国は骨の髄まで政治第一に収斂する国家であり、経済は二の次としか考えていない。なぜなら、一九四九年の建国以来中国における経済は政治の一部でしかなかったからだ。

経済がどれほど軽視されてきたかは、一九七八年に始まった改革開放以前に、中国の大学には経済学部がなかったことでもわかる。

だから、中国共産党トップに経済学部出身者が見当たらないのは当然で、理工系出身のテクノクラートが多いのも肯ける。第三世代の江沢民、第四世代の胡錦濤、第五世代の習近平など歴代国家主席の学歴はみな理工系出身である。稀代の秀才と言われ、現在、習近平により不遇をかこっている李克強国務院総理にしても経済学部ではなく、法学部出身である。

以下は畏友・黄文雄《こうぶんゆう》氏が述べる中国経済についての認識である。日本論壇とは異なる視点だが、中国の本質を突いたものではないかと思うのでご紹介したい。

……中国の大学で教えるマルクス経済学では政治と経済が絡んでいること、さらに言えば、経済は政治の一部だと当たり前のように考えられてきたからである。

では、それまでの中国経済とはどのような経済原理からスタートしているだろうか。私は二つの考えを持っている。

一つは、政治と経済が理想的関係として、互いに傍観していることである。たとえば具体例として、巷では「中国経済の崩壊」という言葉がさかんに使われているが、これは構造主義的な考え方に依拠したもので、かなりピントが外れているように思える。

もとより中国経済には「コア」というものはないのだから、あるとすれば、人民解放軍と政治と経済を握っている中国共産党が泥沼化してメルトダウンしたというような考え方であろう。

実際に経済が完全に駄目ならば、政治に帰ってしまえというような〝弁証法〟的なやり方が、こと中国にはまかりとおってしまう。

人民共和国の時代に入ってからの非常にわかりやすい例としては、毛沢東による大躍進政策（一九五八〜一九六一年）の失敗に見て取れる。大躍進の失敗によって、完全に経済が崩壊し、数千万人が餓死した。私が読んだ回顧録によると、地方の村々で共食いまで起きていた。

そんな地獄のような有り様となり経済が完全に崩壊しても、毛沢東は文革で国家存亡の危機を切り抜けた。つまり中国の場合、経済崩壊は国家の体制や政治の崩壊に必ずしもつながらない。これが一つの例である。

文化大革命（一九六六〜一九七六年）の被害者は一億人以上と言われ、当然ながら政治も経済も全滅した。教育までもが一〇年間程度機能停止に陥った。けれども軍だけがなんとか頑張り抜いて、中国共産党はプロレタリア独裁を続行した。

したがって、いまの習近平時代についても、仮に経済がにっちもさっちもいかなくなれば、文革のような荒療治をせずとも、政治に根源的に還元していけばなんとかなるのではないか。……

すでに共産主義というレーゾンデートルを消失した中国が死守すべきは国家の維持のみなのだから、習政権が露骨に採っている国有企業をかぎりなく優遇し民間企業に冷たい「国進民退」政策は、中国という〝国柄〟からすればごく当たり前のことだと思う。

そんな政治の国・中国、権力闘争に明け暮れる中国がもっとも熱くなるのが政治の相克が顕わになる季節、五年に一度開かれる共産党大会である。

次期共産党大会は来年、二〇一七年一一月。現在の権力闘争の最終章は嫌でも一年後に訪れることになる。

習近平にはまったく分が悪い次期政治局常務委員を巡る戦い

先の共産党大会（二〇一二年一一月中国共産党第一八回全国代表大会）において最大の番狂わせは、胡錦濤率いる共青団が党最高幹部にあたる中国共産党政治局常務委員にたった一人しか送り込めなかったことであった。その一人の李克強にしても、本来なら胡錦濤の後継者として国家主席・総書記にしたかったのが国務院総理に就任せざるを得ないというまったく不本意なもので、共青団は大敗を喫したのだ。

第1章に記したとおり、すべては令計画が引き起こしたスキャンダルのなせる業で、江沢民派（上海閥）の策略に屈してしまった格好であった。

だが一年後に開催される中国共産党第一九回全国代表大会（一九大）は、前回とは様相が大きく異なってくる。

まず第一に挙げたいのは、政治局常務委員は就任時点で六七歳以下でなければ留任できないという不文律が存在することだ。

となると、この定年制に従わねばならないのは、江沢民派（上海閥）の張徳江《ちょうとくこう》、兪正声《ゆせいせい》、劉雲山《りゅううんざん》、張高麗《ちょうこうれい》の四名と太子党で習近平の盟友である王岐山の計五名。引き続き政治局常務委員を務めるのは習近平と李克強のみ。

先に示した中国共産党のピラミッドを思い出していただきたい。通常、中央政治局常務委員に欠員が出る場合には、新たなメンバーはその直下組織である中央政治局委員二五名（中央政治局常務委員は中央政治局委員でもあるため実質的に一八名）のなかから選出される。そのメンバーは以下の通りである。
馬凱《まがい》、王滬寧《おうこねい》、劉延東《りゅうえんとう》、劉奇葆《りゅうきほう》、許其亮《きょきりょう》、孫春蘭《そんしゅんらん》、孫政才《そんせいさい》、李建国《りけんこく》、李源潮《りげんちょう》、汪洋《おうよう》、張《ちょう》春賢《しゅんけん》、范長竜《はんちょうりゅう》、孟建柱《もうけんちゅう》、趙楽際《ちょうらくさい》、胡春華《こしゅんか》、栗戦書《りつせんしょ》、郭金龍《かくきんりゅう》、韓正《かんせい》。

筆者が把握している常務委員を除く中央政治局委員の色分けは以下のとおりである。

- 習近平派→　栗戦書
- 共青団→　李源潮、孫政才、劉延東、劉奇葆、許其亮、汪洋、胡春華、郭金龍、馬凱、
- 上海閥→　韓正、王滬寧、孟建柱、張春賢

これを見れば、今回は共青団が優位なのは一目瞭然であろう。

中央政治局常務委員昇格が有力視されているのが、共青団では汪洋（副総理）、李源潮（副主席）、胡春華（広東省委書記）。上海閥では韓正（上海市委書記）。そして習近平派の栗戦書（中央弁公庁主任）あたり。

前回の一八大の際には、共青団の汪洋と李源潮は江沢民と李鵬（元総理）の裏工作により常務委員入りを逃したが、今回はまず大丈夫であろう。

しかし、下馬評はさまざまで、華字紙の『僑報』は、胡春華、孫政才、汪洋、王滬寧、

栗戦書の五人が昇格し、李源朝国家副主席の落選を予想している。

いずれにしても、前回の一八大の際に常務委員人事に大失敗をした胡錦濤・共青団は、その替わりに下部組織の中央政治局にダントツに多くの人材を送り込んだ。胡錦濤は五年後の一九大での捲土重来を期したわけである。

加えて、現在、三一の省・市のうち、二〇の省・市のトップが共青団派であり、年齢的にも脂の乗った五〇代前後の有能な人材が目白押しである。

軍についても、今回は共青団が優位を保っている。大幹部がすでに引退して力の大半を削がれた上海閥とは違い、いまは胡錦濤派が房峰輝参謀総長を中心に　確実に軍を掌握している。大きな勢力を擁している。

一年後の中央政治局常務委員を巡る戦いは、習近平にはまったく分が悪いと言わざるを得ない。太子党は大物の子息たちの出来の悪さから、人材不足の感が強い。たとえば電力関連の利権を一手に握る李鵬一族などは腐敗問題が深刻で、表舞台へはとても出て来られる状況ではない。したがって、現在の習近平と来年引退に追い込まれる王岐山の次の世代以降にポッカリと穴が開いてしまっている。

万が一、習近平がもう一期続けて最高指導者を続け、さらに力づくで終身制を実施するのではないかとの憶測も囁かれるが、彼もそこまでは愚かではないであろう。

筆者は来年の一九大に向けて、今年末から共青団を中心に習近平降ろしの動きが表面化すると推測する。早ければ一九大の際に、失脚ないしは無力化される可能性すらあると思うが、もちろんそれは一九大における権力闘争の行方次第である。

だがどう考えてもいまの流れは、共青団のものであり、開明的な方向へと舵が切られていくのではないか。そうでなければ、かねてより筆者が述べてきたように、習近平という時代錯誤甚だしい指導者と腐敗し切った長老たちにより、中国はかつてのソ連のような軍事政変に踏み込んでいきかねない。

歴史上、もっとも長く生きながらえた、持ちこたえた共産党政権はソ連であった。それでもソ連の寿命はたった七三年でしかなかった。来年で満六八歳を迎える中国共産党にそろそろ終焉の時が訪れてもなんら不思議ではないのである。

孤立する中国は「G20首脳会議」で反撃できたのか

二〇一六年五月二七日に閉幕した「伊勢志摩サミット」は恒例の首脳宣言を発表した。

その文言は、南シナ海における中国の無法な軍事拠点化の動きを強く牽制するものとなってはいたとはいえ、表現としては極めて抑制的で、穏やかなものにまとめられた。当然ながら、中国を名指しすることはなかった。

にもかかわらず、中国は日本に対して猛烈な反発を見せた。

首脳宣言が発表された直後、中国外務省の華春瑩《かしゅんえい》報道官が定例記者会見の席で、「日本はG7の主催国である立場を利用して南シナ海問題を騒ぎ立て、緊張した雰囲気を作り出した」と日本を名指しで非難してきたのだ。

もちろん中国側の攻撃はこれだけでは終わらず、人民日報、新華社通信などは今回の伊勢志摩サミットをまるで「目の敵」のような過剰反応を示した。だが、それは却って、G7を中心とした国際社会の動向に対し重大な危機感と焦燥感を抱いているのを浮き彫りにした。

中国側がそんな心持ちになったのも無理からぬことだったのかもしれない。

今年三月を皮切りに日米をはじめとする関係諸国は、政治的・軍事的「中国包囲網」を着々と構築してきた。

そして伊勢志摩サミットの直前の四月一〇日、一一日に広島でG7外相会合が開かれた。

ここでも名指しこそ避けたけれど、中国が南シナ海で取った行動を「威嚇的・威圧的・挑発的な一方的行動」と厳しく批判し、七ヵ国の総意として「強い反対」を表明した。G7のなかには、中国主導で創設したAIIB（アジアインフラ投資銀行）に参加し、日米とは一線を画した英仏独が含まれている。この三国が日米と同調して「反中」に転じることはないと中国はひそかに期待していたはずだが、見事に裏切られてしまった。

そして、その仕上げとなったのが伊勢志摩サミットであった。

こうして世界のなかで孤立化を深める一方の中国が起死回生の期待をかけるのは、先の九月四日から中国・杭州市で開催されたG20首脳会議であった。

G20にはG7に加え中国・インド・ブラジルなどの新興国や、かつてのG8から離脱したロシアなどが参加してくる。

中国はこのG20首脳会議を、自らの孤立状態を打破するための千載一遇の外交チャンスとして最大限に利用するつもりであった。

案の定、G20の前日に動きがあった。米中が二〇二〇年以降の地球温暖化対策「パリ協定」を批准したと発表したのだ。世界の温暖化ガスの約四割を排出する両国の歩み寄りにより、同協定は年内発効に向けて大きく前進した。

だが、これはあくまでもポーズにすぎない。両国トップが替わった場合、離脱も可能であるからである。

とにかく習近平は、来秋の共産党最高指導部人事に向け、このG20杭州で国際社会を主導する中国のリーダーとしてのイメージを演出しなければならなかった。だが、中国の南シナ海への進出を巡る米中の対立は何も変わらなかった。ここでもオバマ大統領は、南シナ海を核心的利益とする中国の要求、さらに中国が執拗に言質《げんち》をとりたがる「新型大国関係の構築」を完全に無視した格好であった。

今後の米中の動向については次シリーズにて精確にお届けしようと思う。

著者略歴

石平（せき・へい）

1962年、四川省成都生まれ。北京大学哲学部卒業。四川大学哲学部講師を経て、88年来日。95年、神戸大学大学院文化学研究科博士課程修了。2002年に『なぜ中国人は日本人を憎むのか』（PHP研究所）を発表後、中国や日中関係の問題について、講演・執筆・テレビ出演などを通じて評論活動を精力的に展開。07年末、日本に帰化。08年4月拓殖大学客員教授就任。14年、『なぜ中国から離れると日本はうまくいくのか』（PHP研究所）で第23回山本七平賞を受賞。『売国奴［新装版］』（黄文雄、呉善花との共著）『習近平が中国共産党を殺す時』（陳破空との共著）『なぜ中国人はこんなに残酷になれるのか』『世界征服を夢見る嫌われ者国家中国の狂気』（ともにビジネス社）、『韓民族こそ歴史の加害者である』（飛鳥新社）、『日本・インドの戦略包囲網で憤死する中国』（ペマ・ギャルポとの共著、徳間書店）など著書多数。

編集協力／加藤鉱
写真撮影／外川孝
写真提供／©SIPA/amanaimages
©ZUMAPRESS/amanaimages
©Polaris/amanaimages

狂気の沙汰の習近平体制　黒い報告書

2016年11月1日　第1刷発行
2016年12月1日　第2刷発行

著　者　石 平
発行者　唐津 隆
発行所　株式会社ビジネス社
〒162-0805　東京都新宿区矢来町114番地 神楽坂高橋ビル5階
電話　03(5227)1602　FAX　03(5227)1603
http://www.business-sha.co.jp

印刷・製本　大日本印刷株式会社
〈カバーデザイン〉大谷昌稔
〈本文組版〉茂呂田剛（エムアンドケイ）
〈編集担当〉本田朋子　〈営業担当〉山口健志

ISBN978-4-8284-1917-6